매력이란 무엇인가

매력이란 무엇인가

이드페이퍼 지음

사로잡힐 것인가
사로잡을 것인가

데이원

목차

여는 말

우리는 누군가를 매력적이라고 말할 때, 그게 무슨 뜻인지 깊게 고민하지는 않습니다. 습관처럼 쓰는 말이기 때문에, '매력적'이라는 말의 구체적인 의미나 그렇게 느낀 특별한 이유를 생각하지 않습니다. 사람들은 사랑에 빠지듯이 매력에 빠집니다. 매력은 자연 발생적입니다.

그렇다면 매력은 인간이 어찌할 수 없는 영역일까요? 그렇지 않습니다. 인간의 문명은 대자연의 섭리를 이해하고 이용하기 위해 발달해 왔습니다. 매력도 마찬가지입니다. 우리는 매력의 원리를 이해하고 활용할 수 있어야 합니다. 그래야 사람들의 환심을 사고, 원하는 직장에 들어가고, 원하는 이와 맺어질 수 있습니다.

　우리는 이 책을 통해 매력의 근본 원리를 이해합니다. 사람마다 상황마다 달라지는 단편적 활용법이 아닌, 누구에게나 어디에서나 적용할 수 있는 영구불변의 필살기를 배웁니다. 매력은 대자연의 섭리이며 인간이 알 수 없는 미지의 미스터리라는 생각에서 벗어납니다. 매력은 타고나는 것, 죽을 때까지 어쩔 수 없는 것이라는 착각에서 벗어납니다. 인간의 마음을 바꾸는 법을 배웁니다. 사람들이, 세상이, 나를 대하는 태도를 달라지게 하는 법을 배웁니다. 매력이, 내가 쥐고 흔들 수 있는, 원하는 것을 얻게 만드는 마법의 도구가 될 수 있다는 사실을 배웁니다.

매력의

힘

무굴 제국의 수도였던 아그라의 남쪽, 자무나 강가에 위치한 궁전 묘지 타지마할Taj Mahal은 인류가 창조한 가장 크고 아름다운 '사랑의 금자탑'이다. 17세기 무굴 제국의 황제였던 샤 자한(Shah Jahan, 1592-1666)은 왕비 뭄타즈 마할(Mumtaz Mahal, 1593-1631)이 20시간의 산고 끝에 사망하자 1년을 죽을병에 걸린 듯 괴로워하다 아무도 영원히 잊지 못할, 왕비를 위한 묘지를 짓기로 결심한다.

　　이후로 22년 동안, 황제는 묘지를 건설하기 위해 막대한 국가 재정과 인력과 정성을 쏟아붓는다. 이란, 이태리, 프랑스 등지의 외국 건축가와 전문 기술자들, 수천 명의 기능공,

세계 각지에서 수입된 최고급 대리석과 보석들을 사용해, 정원의 수로 길이만 300m에 달하는, 높이 73m의 어마어마한 묘지 궁전을 완성한다.

황제는 코란에 묘사된 천국의 모습을 타지마할에 고스란히 구현했다. 십(十)자 모양의 중앙 수로水路는 천국에 흐르는 4개의 강물을 상징하며, 새하얀 대리석 건물과 햇빛이 찬란하게 쏟아져 들어오는 실내의 기하학 문양은 선인들이 묘사한 천국의 궁전보다 더 화려하고 정성스럽다.

궁전이 완성된 뒤, 황제는 직접 시를 써 사랑하는 아내가 잠든 타지마할에 헌정한다.

죄책감과 자책, 모두 이곳에 와 잠들라,
그대의 죄 사하여질지니, 죄의식에서 해방되리니,
죄인은 이 궁전으로 오는 길을 찾으라,
그대의 지난 죄 모두 함께 씻겨 낼지니,
내 비록 이 궁전의 풍광에 목놓아 울어도,
해와 달이 함께 눈물 가득 한숨 지어도,
이 거대한 사원은 이 세상 끝나는 날까지
신의 영광을 찬양하리니.

무엇이 한 남자를 이토록 오랜 세월 한 여자를 못 잊게 했을까. 왜 제국의 황제 자리에 오른 이가, 수많은 여자를 취할 수 있는 막대한 권력을 가진 이가, 아이를 낳다 죽은 작고 힘없는 30대 후반 여성을 그토록 못 잊어, 자신의 나머지 생을 바쳤을까.

미국의 출판사 마블 코믹스Marvel Comics가 개발한 『엑스맨』의 캐릭터, 찰스 자비에 교수는 강력한 정신 지배 능력을 갖고 있어 전 세계 누구든 자신의 뜻대로 생각과 행동을 조종할 수 있다. 우리는 이런 능력이 만화나 영화 속에나 나오는 허무맹랑한 픽션 속 '초능력'이라 여기지만, 사실 우리 주변에서 흔하게 볼 수 있다.

예로 든 무굴 제국의 샤 자한 황제는 왕비 뭄타즈 마할과 20년을 함께 살면서 사실상 왕비에게 정신을 지배당했다. 황제는 왕비가 직접 국정을 운영할 수 있도록 국새를 따로 만들어 주었을 뿐 아니라, 왕비가 후궁을 들이지 말아 달라는 요구를 그대로 이행, 마할 이전에 맞은 2명의 왕비 이외엔, 마할이 죽을 때까지 공식적으로 단 한 명의 여자도 왕궁에 들이지 않았다.

왕비가 죽은 뒤에도 황제는 수십 년 동안 죽은 왕비를 잊지 못한 채, 묘지를 짓는 데 인생을 바쳤으며, 늘그막에 쿠데타로 왕위를 잃었을 때에도 왕비가 묻힌 타지마할 쪽으로 창이 뚫린 감옥에 갇혀 생을 마감했다.

이는 결코 이례적인 현상이 아니다. 당신이 좋아하는 사람을 못 잊어 밤잠을 설칠 때도, 아이돌 밴드에 미쳐 음반을 사재기할 때도, 사고 싶은 가방을 사기 위해 1년을 최저 생계비로 생활할 때도, 당신은 정신 지배를 당하고 있다고 봐야 한다.

이런 현상은 개인뿐 아니라 집단 차원에서도 발생한다. 대표적인 예가 애플의 소비자들이다. 애플 소비자 중에는 유독 '극성 고객'이 많은데, 이들은 일반 제품 소비자가 아니라 종교 광신도에 가까운 행태를 보인다. 애플이 출시한 제품은 필요 없어도 구입하는 것은 기본, 오전 오후 하루에 두 번씩 애플 신제품에 대한 정보를 찾아보며, 온라인에 보도되는 모든 애플 관련 기사를 꼼꼼히 읽다가, 애플에 대해 불만이나 비난을 말하는 사람들에겐 가차없이 악의적이고 몰상식한 공격을 퍼붓는다.

'앱등이Apple Fanboy'라고도 불리는 애플 광신도들은 (원산지인 미국뿐 아니라) 애플 제품이 출시된 국가에는 어디나 존재한다는 것이 특징. 이들은 대개 사회적 웃음거리로 인식되곤 하는데, 심리학적으로 보자면 이들은 단지 '매력에 빠진 사람들'일 뿐이다.

인간은 매력에 빠지면 이성적 판단을 하지 못한다. 매력의 대상을 잊지 못하며, 비판을 받아들이지 않으며, 목숨이라도 바칠 듯 충동적인 모습을 보이기도 한다. 당신은 이들을 어리석다 여길 수도 있겠지만, 이런 모습은 내일 당장 당신에게도 일어날 수 있는 자연 발생적 현상일 뿐이다.

매력에 빠지는 현상에는 이유가 있다. 한 사람이 누군가를 좋아하는 데에는 이유가 없을지 몰라도, 여러 사람을 매력의 노예로 만드는 현상에는 반드시 이유가 있기 마련이다.

애플을 창립한 스티브 잡스Steve Jobs는 무자비한 사람이었다. 그의 직원들 중에는 잡스의 기괴한 성격에 시달리다 정신병자가 된 이들도 있었다. 그에게 컴퓨터는 내장 회로마저 아름다워야 할 정도로 깔끔해야 했으며, 경쟁자와 무능한 자는 지구상에서 멸종되길 바랐고, 마음에 들지 않는 질문을 하는 기자는 그 자리에서 눈물을 쏟을 정도로 가혹한 인격 모독을 당했다.

스티브 잡스는 또한 문학적인 사람이었다. 그는 이런 말을 한 적이 있었다. "컴퓨터는 인간 정신의 자전거". 걸어 가는 대신 자전거를 타면 편하게 더 멀리 갈 수 있다고, PC는 그래서 개발된 것이라고. 잡스의 "인간 정신의 자전거" 인터뷰 전문을 읽고 있으면 그가 PC라는 차가운 기계에 대해 얼마나 깊이 이해를 하고 있는지, 얼마나 인간적 의미를 부여하고 있는지 알게 된다. (부록 참조)

잡스는 그런 사람이었다. 생각하고 고민하고 되새기는 사람이었다. 그는 "우주에 자국을 남기고(to make a dent in the universe)" 싶었다. 그는 프로그래밍도, 납땜도, 디자인도 하지 못했으며, 외모가 뛰어난 것도 아니었다. 그는 단지 우주에 자국을 남기고 싶은 사람이었다. 진심으로 그러기 위해 생각하고 고민하고 되새기는 사람이었다.

잡스의 생각과 열망은 주변 사람들을 지배했다. 잡스와 단 한 번이라도 이야기를 한 사람은 단숨에 그의 생각에 넘어 갔다. 비록 다음 날 자고 일어난 뒤 그의 이야기가 얼마나 허무맹랑한지 깨닫게 되더라도 그와 함께 있는 동안에는 그의 허무맹랑함에 미쳐 버린 것처럼 동조했다.

아이폰은 기계에 불과하지만 여기에는 잡스의 생각이 담겨 있다. 잡스에게 정신을 지배당한 사람들이 오랜 세월 정성을 들인 이 기계에는 인간에 대한 이해, 기계에 대한 이해, 상호작용에 대한 이해가 담겨 있다. 그래서 사람들은 열광했다. 록스타와 무도회 여왕에 열광하듯, 사람들은 이 손바닥만 한 작고 차가운 기계에 열광했다. 한 인간의 매력이 어떻게 기계로까지 전이될 수 있는지 보여 주는 예다.

매력의 힘은 우리가 알고 있는 것보다 무한하다. 우리 인간은 매력의 힘을 이길 수 없다. 아무리 공부를 하고, 돈을 벌고, 세계를 정복해도, 우리 인간은 절대로 매력의 힘에 저항할 수 없다. 세계의 절반을 정복한 칭기스 칸Chinggis Khan도, 달나라에 다녀온 닐 암스트롱Neil Armstrong도 매력의 힘 앞에선 그저 한 마리의 사춘기 소년이었을 뿐. 인간이 한번 '좋아 미치겠다'는 상태에 달하면 그 사람은 더 이상 본인의 의지대로 행동하지 못한다.

당신이 채널을 돌리고, 광고를 클릭하고, 옷을 사고, 사기를 당하고, 연애를 하고, 배우자를 고르는 등 일상의 거의 모든 행동들 역시 매력에 엮여 있다. 당신은 필요에 의해 물건을 산다고 하지만 실제로 결제를 하는 이유는 그 물건에 '꽂혔기' 때문이다. 당신은 이성적으로 배우자를 선택한다고 하지만 실제로 당신이 결혼하자고 쫓아다니는 사람은 당신을 설레게 하는 사람이다. 사실을 말하자면, 매력은 우리의 행동을 좌우하고 인생을 결정하는 가장 중요한 요소다.

매력은 한 인간의 운명을 바꾸기도 하지만, 때로는 한 국가, 혹은 세계의 운명을 바꾸기도 한다. 여기 그 사례들이 있다.

매력의

사례

에바 페론

　'에비타'라는 애칭으로 유명한 에바 페론Eva Perón은 사생아였다. 그의 아버지는 시골 농장주였고, 어머니는 그의 정부였다. 아버지는 난봉꾼이었다. 에바의 어머니와 5남매를 낳았지만 누구 하나 법적인 자식으로 인정하지 않았고, 생활비를 보태 주지도 않았다. 비참하도록 가난한 삶을 살면서 에바는 꿈을 꾸었다. 배우가 되어 행복한 삶을 사는 꿈을.

　꿈을 이루기 위해 그는 15세에 부에노스아이레스로 향했다. 부에노스아이레스에 위치한 작은 극단의 오디션을 보기 위해 어머니와 함께 기차를 탄 에바는 생각했다. 다시는 이곳으로 돌아오지 않겠다고, 반드시 성공해서 나와 불쌍한 어머니와 형제들을 행복하게 해 주겠다고.

에바가 부에노스아이레스에 상경했을 때는 대공황 시기였다. 수많은 사람들이 일자리를 찾아 도시로 몰려들었고, 부에노스아이레스는 지방에서 올라온 가난뱅이들로 포화 상태였다. 에바는 가혹한 현실을 직시했다. 돈도 배경도 없는 자에겐 기회도 없었다. 기회란 스스로 만들어야 했다. 에바는 그래서 기회를 만들었다. 자신의 몸을 이용해서.

에바는 자신의 앞길에 도움이 될 남자라면 가리지 않았다. 얼굴에 곰보 자국이 있건, 성격이 개망나니이건, 사타구니에서 냄새가 나건, 자신을 무대에 세워 줄 수 있는 남자라면 가리지 않고 유혹했다. 집도 절도 없는 가난하고 예쁜 15세 소녀가 도와 달라는데 거절할 수 있는 남자는 없었다. 그리고 "그동안 사랑했어요"라고 말하며 떠나갈 때도 화를 내거나 잡을 수 있는 남자는 없었다. 에바를 사랑했기 때문이었다. 에바는 진심이 아니었지만 에바가 건드린 남자들은 모두 진심이었다.

에바는 자신에 대해 알았다. 에바는 자신이 예쁘지만 성적 매력—색기가 없다는 사실을 잘 알았다. 그래서 다른 걸 개발했다.

에바는 '에비타(Evita: 작은 에바)'라는 어린 시절 애칭을 쭉 사용했다. 그는 자신의 매력이 아이 같은 순수에서 나온다는 사실을 알았다. 그는 그 매력을 영원히 간직하고 싶었다.

남자들은 에바의 순수에 빠졌다. "저는 이 다음에 꼭 유명한 배우가 될 거예요." 남자 앞에서 두 눈을 반짝이며 이렇게 말하는 에바는 타고난 연기자였다. 최고의 배우가 될 것이란 말은 진심이었다. 남자들은 에바의 티없는 욕망에, 사랑을 지어내는 출중한 연기에 정신을 차리지 못했다.

남자들 품을 전전하는 삼류 극단 삼류 배우였던 에바는 이내 국립 방송국의 유명 라디오 DJ이자 성우, 영화배우가 되었다. 에바는 더 이상 예쁜 외모에 의존하지 않아도 되었다. 그는 이미 명성으로나 실력으로나 아르헨티나 최고의 연기자였다.

뮤지컬 「에비타」에서는 에바가 무명 배우였다가 후안 페론 Juan Perón의 간택을 받아 유명인이 된 것으로 묘사되지만 이는 사실과 전혀 다른 각색이다. 실제로는 당시 전국구 유명 인사였던 에바가 후안 페론을 간택했던 것이다. 당시 후안 페론은 아르헨티나 쿠데타 세력이었으며, 에바는 여느 때와 같이 후안으로부터 가능성을 읽었다. 물론 자신의 성공을 위한 가능성이었다.

후안 페론은 철저한 비주류였다. 남미 원주민을 어머니로 둔 그는 혼혈이었으며, 군부 내 지지 세력도 없었다. 쿠데타 뒤 후안은 노동성 장관으로 임명되었으나 이 자리는 쿠데타 세력들이 기피하던 아무 권한도 없는 한직이었다.

그러나 후안과 에바에게 이는 인생 역전의 기회였다. 후안은 가난한 노동자를 위한 정치인이 되었고, 전면에 에바를 내세웠다. 후안과 에바는 노동자들의 인권 향상을 위한 법안을 잇달아 통과시켰고, 아르헨티나 역사에서 수백 년 동안 철저하게 차별받던 민중은 열광했다.

군부는 후안이 강력한 대권 주자로 떠오르자 그를 실각시키고 애매한 죄를 물어 감옥에 가두었다. 에바는 후안의 무죄 석방을 위해 발벗고 나섰고, 민중은 에바의 뜻에 따라 봉기했다. 이때의 봉기로 아르헨티나의 역사는 바뀌었다. 지금까지 아르헨티나를 지배했던 봉건 시대의 질서는 무너지고, 농민과 노동자들의 울분이 주도하는 개혁의 역사가 시작되었다. 그리고 후안 페론은 깨달았다. 자신이 에바의 운명을 바꾸는 것이 아니라, 에바가 자신과 아르헨티나의 운명을 바꿀 것임을.

후안은 석방됐고 4일 뒤 에바와 결혼했다. 그리고 이듬해 대통령에 당선됐다. 에바는 에바 페론 재단을 설립해 자선을 베풀었다.

에바는 매일 아침 7시에 재단에 출근해 종일 아프고 가난한 이들을 맞았다. 사무실에서 직접 이들의 사연을 듣고 필요한 액수의 돈을 수표에 써 주었다. 사람들 줄이 줄어들지 않으면 자정이 넘어서까지도 일했다. 이들 중에는 한센병이나 매독으로 피부에 진물이 흐르는 이들도 있었다. 에바는 개의치 않았다. 이들의 손을 일일이 잡아 주고 위로했다.

기득권층에게 에바는 여전히 연기 잘하는 빈민 출신 창녀였다. '정치인 에바'도 역시 인생 연기의 일부일지 몰랐다. 그러나 그녀는 여느 때와 다름없이 자신의 연기에 진심을 담았다. 민중은 그녀에게 감격했다. 매일 그녀의 얼굴을 보며 눈물 흘리는 사람들이 늘었고, 그들은 에바의 미담을 사람들에게 전했다. 그녀는 아르헨티나 민중의 성녀가 되었다.

　　에바가 세계에서 가장 비싼 옷과 보석, 시계와 구두를 차고 다니며 국가 예산을 물 쓰듯 탕진한다는 사실은 아르헨티나 민중에게 거부감으로 작용하지 않았다. 남편 후안 페론이 독재자가 되어 수많은 정적과 지식인들의 인권을 유린한다는 사실도 역시 아르헨티나 민중에겐 중요하지 않았다.

　　이제 아르헨티나 민중이 원하는 것은 복지 기금도, 인권 법안도, 국가의 무궁한 발전도 아니었다. 그들이 원한 것은 민족 지도자 에비타였다. 후안 페론이 없었다면 민중은 에바를 대통령으로 추대했을 것이다. 대신에 그들은 에바를 부통령으로 추대했다. 사람들은 에바를 자신들의 종신 지도자로 삼고 싶어 했다.

　　그러나 에바는 부통령이 되지 못했다. 대신 암으로 죽었다. 1952년 7월 26일 오후 8시 25분 에바의 죽음이 방송을 통해 아르헨티나 전역에 알려지자 나라가 숨을 멈추었다. 온 나라가 질식할 것 같은 슬픔에 빠졌다. 33세의 나이로 사망한 아르헨티나의 성녀 에비타의 장례식에 수백만 명의 조문객이 몰렸으며, 8명이 깔려 죽는 참사도 일어났다.

그녀가 이미 수년 전부터 치명적인 자궁암을 앓아 왔고, 제대로 서 있지 못할 무시무시한 통증에도 대중 앞에서 미소 짓고 열변을 토했다는 사실은 뒤늦게 알려졌다.

죽은 에비타는 아르헨티나의 국모國母가 되었다. 그녀가 죽은 지 60여 년이 지난 지금도 아르헨티나의 빈민층 가정에는 에비타의 초상화가 걸려 있으며, 나라 곳곳에는 그녀를 추모하는 제단이 만들어져 있다.

아직도 아르헨티나를 지배하는 페론주의는 사실상 아르헨티나 민중들의 에비타에 대한 추억에 기반하고 있다. 아르헨티나의 대통령이었던 크리스티나 페르난데스Cristina Fernández 역시 페론주의자이며, 선거 운동 시절부터 에비타를 본뜬 듯한 표정과 제스처를 취해 왔다. 에비타는 살아생전 이렇게 말했다.

"길거리에서 아이들이 저를 에비타라고 부르면 전 그들의 엄마가 된 기분이에요, 지나가는 가난한 여자들이 저를 에비타라고 부르면 전 그들의 자매가 된 것 같아요. 그래서 저는 그들의 가족이 되어 함께 기뻐하고 함께 울어 줄 수 있어요."

월리스 심프슨

'심프슨 부인'으로 더 많이 알려진 베시 월리스 심프슨Bessie Wallis Simpson은 미국과 영국에서 완전히 상반된 평가를 받는 인물이다. 영국에서는 영국 왕실에 치욕적 모욕을 가한 '창녀'로, 미국에선 왕자의 왕위 계승까지 포기하게 만든 매력만점 '자유부인'으로.

한국 사람들에게 월리스의 존재가 알려진 것은 2010년 개봉한 영화 「킹스 스피치」에서였다. 이 영화의 주인공인 알버트는 원래 왕위 계승자가 아니었다(2순위). 그의 형인 에드워드가 왕위 계승자였는데 월리스 심프슨이라는 유부녀와 결혼하기 위해 왕위를 포기하고, 죽도록 왕이 되기 싫었던 말더듬이 알버트가 왕이 된다는 내용이다.

영화에도 월리스 심프슨이 잠깐 등장하는데, 영국인들의 인식대로, 오만하고 무례하고 짜증스러운 이미지로 나온다. 그리고 '이런 여자'와 결혼하겠다고 영국 왕가를 배신한 에드워드는 영화 속에서 방탕하고 무책임하고 바보 같은 이미지였다.

실제 에드워드는 방탕하긴 했지만 무책임하고 바보 같은 사람은 아니었다. 월리스를 만나기 전 그는 '세계에서 가장 매력적인 독신 남성'이었다. 황태자라는 신분 외에도 잘생긴 외모, 우수에 젖은 표정, 시대를 앞서간 패션 감각, 지적인 행동과 말투로 에드워드는 어딜 가나 화제의 중심에 섰다. 그리고 자신의 매력과 신분을 활용해 유명 여배우 및 갑부 여자들과 끊임없이 놀아났다.

에드워드의 애인들이 대부분 유부녀였다곤 하지만 월리스는 그중에서도 가장 '질 떨어지는' 여자였다. 아버지가 명문가 출신이긴 했지만 16세였던 어머니를 임신시킨 뒤 야반도주해서 낳은 아이가 월리스였다. 출생신고서도 없었다. 태어난 지 5달 만에 아버지는 세상을 떠났고, 생계가 곤란해진 어머니는 할 수 없이 월리스를 데리고 시댁으로 들어갔다.

월리스는 되바라진 소녀였다. 미국 내 최고 명문 사립학교를 다니면서 시도 때도 없이 수업을 땡땡이 치고, 담배를 피우며, 남자를 만나고 다녔다. 20세에 해군 전투기 조종사와 결혼했지만 결혼 생활에 만족하지 못했다. 월리스는 사교적인 여자였다. 남편은 주로 아시아 지역에 배치를 받았는데, 그 좁아 터진 미국—영국인 커뮤니티 내에서 파티의 여왕으로 이름을 날렸다.

31세에 첫 번째 남편과 이혼한 월리스는 어니스트라는 영국계 사업가를 유혹하는 데 성공한다. 당시 어니스트는 딸 하나가 있는 유부남이었으나, 월리스에게는 남자의 혼인 여부가 중요하지 않았다. 월리스에게는 사람이 만나고 헤어지는 것은 자연적 인연일 뿐 사회적 인식은 중요한 것이 아니었다.

어니스트는 부인과 이혼하고 월리스와 결혼한다. 이때부터 월리스는 영국 상류층 사교계의 여왕이 된다. 월리스는 남편을 따라 영국으로 이주하면서 이미 에드워드 황태자에게 눈독을 들이고 있었다.

사교계에서 만남이란 사실 쉽고도 자연스러운 것이었다. 인맥만 있으면 영국 황태자를 만나는 것도 그리 어려운 일이 아니었다. 더구나 황태자 본인이 여색을 밝히는 남자라면 더욱 그러했다.

에드워드가 월리스에게 반한 이유는 모두에게 미스터리였다. 볼품없이 깡마른 체형에 못생긴 외모. 이혼 경력까지 있는 30대 중반 유부녀. 이것만으로도 황태자의 연인으로 결격 사유였다. 거기다 월리스는 독설과 풍자, 거침없는 성적性的 농담으로 유명한 여자였다. 말하자면, (귀족층이 보기엔) 말하는 것도 천박한 여자였다.

하지만 에드워드는 월리스의 그런 점이 마음에 들었다. 월리스는 황태자 앞이라고 주눅들지 않았다. 오히려 쥐를 구석에 몰아넣은 고양이처럼 의기양양했다. 에드워드는 사교계의 황태자이기도 했지만 본질적으로 왕가에서 엄격한 귀족 교육을 받은 도련님이었다. 학창 시절부터 학교 담을 넘어 이웃 학교 남학생들을 홀리고 다녔던 야생 살쾡이 같은 월리스에게는 상대가 되지 않았다.

월리스는 첫 만남에서부터 에드워드를 사정없이 윽박질렀다. 시도 때도 없이 당돌한 농담을 던졌고, 그의 우유부단함을 공격했으며, 심지어 택시를 불러 달라고 심부름을 시키기도 했다. 당시 파티장 직원들은 월리스가 에드워드를 쥐 잡듯 몰아붙이다가 울리기까지 했다고 증언했다.

말하자면, 월리스는 우연히 사교 여왕이 된 것이 아니었다. 그는 원래 그런 여자였다. 볼품없는 외모에도 한번 입을 열면 모두가 꼼짝 못 하고 매력에 빠지는 그런 지배적인 캐릭터였다.

반대로 에드워드는 다분히 여성적인 남자였다. 우울하고 소극적이고 조심스러운 남자, 여자가 자신을 품어 주길 바라는 남자였다. 에드워드는 월리스에게서 어머니(mother figure)를 보았고 사정없이 빠져들었다. 어쩌면 월리스는 에드워드의 천생연분일지도 몰랐다.

월리스는 이후 5년 동안 남편 어니스트와 결혼 관계를 유지한 채 에드워드와 불륜 관계를 지속했다. 어니스트 역시 아내의 불륜 사실을 뻔히 알고 있었다. 심지어 둘이 자신이 출장을 간 사이에 자신의 집에서 어울린다는 사실도 알았다. 그럼에도 어니스트는 이를 묵인했을 뿐 아니라, 오히려 "황태자가 내 아내와 놀아난다"는 사실을 자랑처럼 떠벌리기도 했다.

월리스가 황태자와 대놓고 불륜을 저지른 것은 사실이나, 그렇다고 남편에 대한 사랑이 식은 것은 아니었다. 월리스는 자신의 남편을 성자에 비유하며 그의 인성을 깊이 존경했다. 본능적이고 무분별한 여자이긴 했지만 월리스는 남편을 사랑하고 존경했기에, 그리고 남편도 아내의 관계를 용인해 주었기 때문에 5년씩이나 양다리를 걸칠 수 있었다.

그러나 두 남자를 모두 차지하겠다는 욕심은 에드워드가 왕위 계승 문제에 얽히면서 중단된다. 에드워드의 아버지 조지 5세가 급사하면서 에드워드는 왕위 계승 절차를 밟았고, 이에 월리스는 어쩔 수 없이 남편과 이혼하고 왕비가 될 준비를 시작했다. 그러나 영국은 '사교계의 창녀'를 왕비로 맞을 준비가 되지 않았다. 먼저 왕가에서 에드워드를 '미친놈'으로 몰아갔으며, 국민들도 들고 일어났다. (게다가 영국 왕실은 이혼한 사람의 배우자가 죽기 전에는 재혼이 불가능하다는 성공회의 율법도 따르고 있었다.)

사랑에 빠진 에드워드는 단호했다. "월리스 없이는 왕이 되지 않겠다"며 왕위를 포기했다. 동생 알버트에게 왕위를 이양한 에드워드는 월리스와 결혼하고 '윈저 공'이 되었다. 월리스는 그에 따라 '윈저 공작부인'이 되었으나 영국인들은 여전히 그녀를 "그 여자(that woman)" 혹은 "창녀"로 불렀다.

그러나 월리스는 창녀로 불리기에는 지나칠 정도로 성적 매력이 없었다. 월리스의 말년을 함께했던 주치의들은 '안드로겐 내성 증후군(Androgen Insensitivity Syndrome)'을 의심했다. 이는 태아가 XY염색체로(즉 남자로) 태어났음에도 테스토스테론(남성 호르몬) 수용체의 문제로 남자가 아닌 여자의 몸으로 자라는 이상 증상이다. 이 증상을 가진 사람은 남자 성기가 아닌 여자의 성기를 갖고 태어나며 의학 검진에서도 여성으로 나타난다. 하지만 애당초 남자 염색체를 갖고 태어났기에 자궁이나 난소는 없다.

월리스가 평생 아이를 낳지 않았다는 사실도 이런 정황을 뒷받침한다. 평생 삐삐 마른(골반과 가슴이 거의 없는) 몸매를 유지했던 점, 말투나 행동, 사람 다루는 패턴이 '과감하고 공격적이었던' 점 역시 안드로겐 내성 증후군을 의심하는 이유다.

주치의의 의심이 사실이든 아니든, 월리스가 그렇게 많은 남자들을 홀린 것이 성적 매력 때문이 아니었다는 점은 명백한 사실이다. 그리고 남자들에게 잘해 줬기 때문이 아니었음도 명백하다.

월리스는 이기적이고 못된 성격이었다. 제2차 세계 대전 중 온 나라가 고통받는 와중에도 영국과 영국 국민에게 무례한 태도를 보였으며, 남편의 돈으로 사치스러운 쇼핑을 즐기며 사람들의 염장을 질렀다.

에드워드와 월리스는 1972년 에드워드가 사망할 때까지 백년해로했다. 비록 죽을 때까지 세상의 멸시와 비난을 받았지만 둘은 둘만으로 행복했다. 에드워드는 세상의 가십거리로 전락한 아내를 아끼고 사랑해 주었다. 그리고 에드워드가 죽은 뒤 14년간 월리스는 에드워드를 추억하며 쓸쓸히 혼자 살다 세상을 떠난다.

장녹수

장희빈과 더불어 조선 시대 최고의 신데렐라 스토리 속 주인공, 장녹수는 충청도 문의현령을 지낸 장한필과 그의 첩 사이에서 태어났다.

첩의 자녀였기 때문에 천민 신분으로 살아야 했으며, 입궐까지의 행적은 불분명하다. 일설에 따르면 생계가 막막해 몸을 팔아야 했다고 하며, 조선시대 기록에는 "시집을 여러 번 갔다"고 되어 있다. 다른 설에 따르면, 일찌감치 제안대군(齊安大君: 예종의 둘째 아들) 집안의 노비로 들어가 그곳에서 손님들의 술 시중을 들었다고.

제안대군은 원래 왕위 계승 서열 1위였으나, 한명회의 농간으로 엉뚱하게도 한참이나 먼 친척에게 왕위가 돌아갔다. 허탈해진 제안대군은 술과 음악으로 세상을 살았다. 그의 집에는 풍류객들의 발길이 끊이지 않았고, 이들을 접대하기 위해 매일매일 기생들을 들였다.

장녹수는 이들의 술 시중을 들며 기생들의 가무를 홀로 익혔고, 시조 음운까지 외웠다. 그는 기방에 적을 두고 기예와 무희를 배운 뒤 '녹수淥水'를 기명妓名으로 썼다.

녹수는 눈에 띄는 외모가 아니었다. 실록의 기록에 따르면 "얼굴은 중인中人 정도를 넘지 못했다"는 표현이 있으며, 그 외에 기록들을 종합하면 키 작고 왜소한 체형에 다소 못난 얼굴로 추정된다. 다만, 30살인데도 얼굴이 16살로 보일 정도로 놀라운 동안이었다는 평은 있었다.

외모야 어떠했든, 녹수는 제안대군 집 접대 여성 중에서 최고의 인기를 자랑했다. 녹수는 춤과 노래와 시작詩作에 능했다. 그리고 상대의 기분을 맞춰 주는 데에 신기神技에 가까운 능력을 보였다. 녹수로부터 한 번이라도 술 시중을 받은 양반들은 그를 잊지 못해 반드시 그를 다시 찾았다. 말하자면 녹수는 '제안대군댁 텐프로'의 독보적 에이스였다.

조선시대 기록에는 다음과 같이 나온다.

성품이 영리하여 사람의 뜻을 잘 맞추었다…… 노래와 춤을 배워서 창기가 되었는데, 노래를 잘해서 입술을 움직이지 않아도 소리가 맑아서 들을 만하였으며, 나이는 30여 세였는데도 얼굴은 16세 아이와 같았다.

『연산군일기』 1502년 11월 25일

술을 마시러 왔다가 녹수에게 반해 '2차'를 가는 손님들이 늘어나자 제안대군은 집안 망신을 염려했다. 그래서 자신의 집 노비와 녹수를 짝지어 녹수의 외부 출입을 막았다. 둘은 정식으로 결혼해서 아들도 낳았다.

참고로, 왕실 가문의 노비는 공노비에 속해서 웬만한 양인보다 버젓하게 잘사는 경우가 많았다. 이들은 사유 재산을 모을 수 있었으며, 결혼해서 가정을 꾸리고, (제한적으로) 인권 보호까지 받았다.

하지만 왕으로부터의 인권은 보호받지 못했다. 당시 왕이었던 연산군(1476~1506)에게 제안대군은 당숙이었다. 연산군역시 술과 여색을 즐기는 인물이었고, 당숙 집의 장녹수에 대한 소문도 익히 들었던 것으로 보인다. 제안대군 집의 술자리에 참석한 연산군은 30살 장녹수를 보고 이렇게 말했다.

"당숙은 복도 많소이다. 이런 미인과 한집에서 기거하시니."

그러자 제안대군이 답했다.

"전하, 소인 집 여종이오니 마음에 드시면 함께 입궐하시옵소서."

졸지에 남편과 아들과 생이별을 하게 된 장녹수. 그러나 속으로는 인생역전의 쾌재를 불렀다. 그는 처음부터 '왕궁의 기녀'가 아니라 '왕의 여자'가 되기로 작정했다. 녹수는 이미 남자를 다루는 것이 숨 쉬는 것만큼 자연스러웠다. 왕이라고 예외일 순 없었다.

당시 연산군은 왕궁의 기녀 제도를 확대 개편해 얼굴이 예쁜 자들을 대궐 안으로 뽑아 들였다. 전국의 개인 몸종과 지방의 관비, 그리고 심지어 양갓집 여자들까지 강제로 뽑았다. 이들 중 왕을 가까이에서 모시는 특별한 기생을 승격시켜 '흥청興淸'이라 불렀다. 오늘날 '흥청망청'이라는 단어의 유래.

흥청이 된 녹수는 연산군의 마음을 파악했다. 연산군은 모정母情이 그리운 남자였다. 그의 생모 윤씨는 폐비가 된 후 억울한 죽음을 맞았다. 사무치는 그리움과 들끓는 복수심으로 연산은 닥치는 대로 여자를 범하고 사람들을 죽였다.

녹수는 역발상을 했다. 모두가 연산이 두려워 벌벌 떨었지만 녹수는 그 반대였다. 그는 왕의 눈을 똑바로 쳐다보았다. 왕은 그녀가 자신을 두려워하지 않는 것에 놀랐다. 장녹수에게 왕은 외롭고 불우한 남자일 뿐이었다. 지금까지 장녹수에게 빠졌던 다른 풍류객들과 마찬가지였다. 모두가 마음

한구석 어딘가 결핍된 가여운 남자일 뿐이었다.

온 나라 모두가 연산을 두려워하거나 미워했다. 온 나라 모두가 연산을 떠받들었으나 연산은 그들이 떠받드는 것이 왕의 권력임을 알고 있었다. 그래서 연산은 외로웠다. 전국팔도 모든 미인들을 끌어모아 곁에 두면 외롭지 않을 것 같았지만 그 반대였다.

연산은 장녹수에게 미친 듯이 빠져들었다. 장녹수는 연산군을 아이처럼 다룰 수 있는 유일한 사람이었다. 그는 왕에게 반말을 했다. 놀리고 때리고 윽박질렀다. 왕은 역정을 내다가도 그녀를 보면 즉시 화색을 띠었다. 장녹수는 왕을 인간으로 대해 주는 유일한 사람이었기 때문이다.

조선시대 기록에는 다음과 같이 나온다.

남모르는 교사巧詐와 요사스러운 아양은 견줄 사람이 없으므로, 왕이 혹하여 상사賞賜가 거만鉅萬이었다. 부고府庫의 재물을 기울여 모두 그 집으로 보냈고, 금은주옥金銀珠玉을 다 주어 그 마음을 기쁘게 해서, 노비, 전답, 가옥도 또한 이루 다 셀 수가 없었다. 왕을 조롱하기를 마치 어린아이같이 하였고, 왕에게 욕하기를 마치 노예처럼 하였다. 왕이 비록 몹시 노했더라도 장녹수만 보면 반드시 기뻐하여 웃었으므로, 상을 주고 벌을 주는 일이 모두 그의 입에 달렸다.

『연산군일기』 1502년 11월 25일

왕의 총애를 얻은 장녹수는 권력을 얻었다. 재산을 모으고, 각종 뇌물과 인사 청탁을 받았다. 종3품(숙용)이라는 벼슬자리까지 얻은 장녹수는 자신의 아들은 물론 오빠 장복수와 그의 자식들도 양인 신분으로 격상시켰다. 장녹수의 친인척은 물론 그의 주인이었던 제안대군의 장인까지 그 주변 모두가 높은 벼슬을 받았다.

장녹수의 욕망은 반인류적 행패로 이어졌다. 궁 밖에 자기가 살던 집을 궁궐처럼 짓기 위해 주변 민가를 헐어 버렸다. 여자의 미모가 예사롭지 않다는 이유로 두 궁녀의 일가족을 죽인 일도 있었으며, 어느 기녀는 장녹수의 치마를 잘못 밟았다가 참형을 당하기도 했다.

그녀의 위세는 장녹수의 하인들에게까지 전이됐다. 동지중추부사 이병정은 장녹수의 집 하인에게 크게 모욕을 당했는데, 오히려 사재를 털어 뇌물을 바치고 나서야 화를 피할수 있었다. 사정이 이러니 모두가 출세를 위해 장녹수 앞에 줄을 섰다. "무뢰한無賴漢 무리들이 장녹수에게 다투어 붙어 족친族親이라고 하는 자가 이루 헤아릴 수 없었다"고 기록되었다.

폭주하는 욕망은 지속되지 않는다는 사실을 연산과 녹수는 알고 있었다. 1506년(연산군 12년) 연산군은 후원에서 나인들과 잔치를 하다 시 한 수를 읊었다. "인생은 풀에 맺힌 이슬 같아서 만날 때가 많지 않은 것" 읊기를 마치자 연산과 녹수는 눈물을 흘리며 슬퍼했다. 연산군은 장녹수에게 말했다.

"지금 태평한 지 오래이니 어찌 불의의 변이 있겠느냐마는, 만약 변고가 있게 되면 너희들도 반드시 면하지 못하리라."

그리고 열흘 뒤 중종 반정이 일어난다. 연산군을 폐위시킨 반정 세력은 장녹수를 체포해 참형斬刑에 처했다. 그리고 두 동강 난 그녀의 시체를 길에다 버려 수많은 사람들이 그녀의 시체를 욕되게 만들었다. 강화 교동도로 유배된 연산군은 두 달 만에 병으로 사망한다.

루 살로메

철학자 프리드리히 니체Friedrich Nietzsche와 시인 라이너 마리아 릴케Rainer Maria Rilke의 연인으로 유명한 루 살로메Lou Andreas-Salomé는 '어장 관리의 여왕'이었다. 그는 36살까지 어느 남자에게도, 단 한 순간도, 자신의 (몸과) 마음을 주지 않은 채, 셀 수도 없이 많은 남자들을 울리고 비참함에 빠뜨렸다.

루 살로메는 신체 발육이 매우 느렸고(가슴이 빈약한 것으로 유명했음), 심리적으로도 성에 대한 억압이 있었을 것으로 추정하고 있다. 남자들은 그녀로부터 성적 쾌락을 얻을 수가 없었다. 이걸 알면서도 남자들은, 그것도 당대 최고의 지식인들과 부자와 상류층들이 불나방처럼 그녀 주위로 모여들었다.

루 살로메는 러시아 태생이었다. 아버지가 차르와 친분이 깊은 귀족 군인이었으며, 위로는 오빠가 5명이나 있었다. 오빠들은 하나밖에 없는 여동생을 경쟁적으로 예뻐했다. 루의 어장 관리 본능, 한 남자에게 집중하지 못하는 천성, 남의 사랑을 당연히 여기는 오만함, 자기 중심적 고집불통 성격은 모두 이때 형성된 것이다.

루는 빅토리아 시대의 여성상에 정면으로 도전했다. 빅토리아 시대의 여성은 허리와 목을 단단히 졸라매서 백지장처럼 창백한 외양을 만드는 것이 핵심이었다. 정숙한 이미지를 강조한다 했으나, 여자의 생기와 자유를 억압하고 남자에게 순종을 강요하는 반인륜적 여성상이었다.

루의 스승이었던 목사 길로트는 루에게 "성숙한 여자는 결국 남자와 결혼해서 정착해야 한다"는 취지의 조언을 했고, 발끈한 루는 이렇게 답장을 써서 보냈다.

'성숙한 여인이 되는 과정'이라니요? 뭐가 성숙해지는 과정이지요? 제가 성숙해진다는 의미가 세상에서 가장 고통스럽게 얻어낸 가치인 자유를 포기라는 것이라면 전 영원히 성숙해지지 않을 겁니다…… 세상이 그려 놓은 여자 인생의 한계선이 정녕 신성불가침일까요? 제가 보기에는 누군가 분필로 그려 놓은 낙서

같을 뿐입니다.

　루는 누구에게도 얽매이고 싶지 않았다. 결혼은 생각도 하지 않았으며, 한평생 자유롭게 진리를 탐구하고자 했다. 그가 평생 그토록 많은 남자들을 만난 것은 당시 진리를 탐구하던 사람들이 모두 남자였기 때문이었다.

　그는 당시 유럽에서 여자를 받아 주는 극소수 대학인 스위스 취리히 대학에 입학했고, 여기서 철학자 파울 레Paul Rée와 그의 친구 프리드리히 니체를 만난다. 두 명의 철학자는 루에게 격정적으로 빠져들었고, 루는 어느 한 남자와 엮이는 것을 피하고자 '학문적 삼위일체(The Holy Trinity)' 관계를 제안했다.

　말하자면, '남자 돌려 막기'였다. 이 남자가 들이대면 저 남자를 불러 막고, 저 남자가 들이대면 이 남자를 불러 막는 그런 관계였다. 남자들에겐, 특히 니체처럼 세계에서 가장 잘 나고 똑똑한 남자에겐(나이도 루보다 17살 더 많았음) 굴욕적인 제안이었으나, 둘은 그녀의 제안을 받아들인 뒤에도 경쟁적으로 루를 사랑했다. 니체는 심지어 루가 자신의 사랑을 받아 준 것으로 착각해 절절한 내용의 '연인 선언서'를 써 보내기도 했다.

　남자와의 관계를 주도한 것은 언제나 루 살로메였다. 처음부터 남자와 관계의 범위를 정하는 것도, 이별을 선언하는 것도 언제나 루의 몫이었다. 심지어 루는 한 남자가 자기에게 너무 깊이 빠지는 걸 막기 위해 일부러 다른 남자의 사진을 액자 안에 넣어 다니기도 했다.

니체와 다툼이 잦아지고 그의 누이까지 관계에 끼어들어 괴롭히자 루는 전광석화와 같이 니체에게 이별을 선언한다. 일방적으로 이별을 당한 니체는 루에게 다음과 같은 저주의 편지를 써 보냈다.

조그맣고 나약하고 더럽고 교활한 여자, 가짜 가슴이나 달고 다니는 구역질 나는 운명.

루는 감정적으로 대응하지 않았다. 대신 "당신과 함께했던 행복은 이제 기억에 없다"고 답장을 보내 주었다. 서로 싸우고 욕하고 관계를 단절했음에도 루는 니체를 이렇게 극찬했다.

니체는 미래에 새로운 종교의 예언자가 될 것이며, 그의 밑으론 수많은 영웅들이 제자로 들어올 것이다.

(당시 니체는 극소수 마니아 독자만 거느렸던 철저한 비주류 학자였음.)

그리고 수십 년 뒤 유방암에 걸린 루는 유방 절제 수술을 받은 뒤 이렇게 말했다. "니체 말이 맞았네, 진짜로 가짜 가슴을 달게 생겼으니."

　루가 유일하게 법적인 부부 관계를 맺은 사람은 프리드리히 칼 안드레아스Friedrich Carl Andreas라는 베를린 대학 교수였다. 이유는 이 사람의 자살 시도 때문이었다. 안드레아스는 평소 감성이 몹시 불안하고 예민한 사람이었는데, 루로부터 청혼이 거절당하자 가슴에 칼을 꽂는 활극을 벌였고, 놀란 루는 '독신 결혼'이라는 조건을 걸고 결혼을 허락했다.

　독신 결혼의 조건은 1) 섹스를 하지 않고, 2) 아내가 다른 남자와 교제하는 것을 용인한다는 것이었다. 놀랍게도, 둘은 이 조건 그대로 43년이나 부부 관계를 유지했다.

　루는 실제로 결혼 생활 중 수많은 남자와 놀아났다. 그중 제일 유명했던 사람이 천재 시인 라이너 마리아 릴케였다. 릴케는 루에게 심각한 집착 증세를 보이다가 청혼까지 했으나 단칼에 거절당했다. 상심한 릴케는 다른 여자와 결혼해 가정을 꾸렸으나 죽을 때까지 루를 잊지 못했다. 릴케가 암에 걸려 시한부 인생을 선고받았을 때 마지막으로 보고 싶어 했던 사람도 루였다.

　정신 분석학의 대가 지그문트 프로이트Sigmund Freud 역시 루의 연인이었다. 프로이트는 자신의 말을 이렇게 똑똑히 잘 알아듣는 사람은 루가 처음이었다고 말했다. 프로이트는 루를 "악마 같다"고 표현했는데, 이 말은 사실 니체가 처음 한 말이었다. 상대의 생각과 의도를 악마처럼 꿰뚫어 들여다본다는 뜻이었다.

루의 가장 중요한 매력은 남의 말을 잘 이해한다는 점이었다. 루는 뛰어난 작가이자 철학자였으나 대화할 때는 결코 자신의 생각을 앞세우지 않았다. 먼저 상대의 생각과 의도를 철저히 파악했고, 상대를 더 잘 알기 위해 질문을 던졌다.

루의 이런 성품은 수많은 평론을 남겼다. 니체, 릴케, 『인형의 집』으로 유명한 헨리크 입센Henrik Ibsen 등을 다룬 루 살로메의 작품은 오늘날에도 그들에 관한 가장 중요하고 뛰어난 기록으로 평가받고 있다.

루는 수많은 남자들과 관계를 맺고 수많은 남자들의 청혼을 받았지만 끝까지 안드레아스의 아내로 남았다. 모든 것은 처음 조건 그대로였다. 둘은 철저하게 각자의 인생을 살았다. 루는 남편의 수입을 알지 못했고 알려고 하지도 않았다. 그는 기본적으로 남편으로부터 돈 한 푼 받아 쓴 적이 없었다. 러시아로부터 받던 아버지 연금이 볼셰비키 혁명으로 끊긴 뒤에도 루는 남편에게 손을 벌리지 않았다. 본인이 직접 글을 써서 필요한 돈을 벌었다.

루는 남편이 하녀와 딸을 낳았음에도 그 딸을 자신의 친딸로 입양해 극진히 키워 주었다. 그리고 남편이 말년에 기력이 쇠하고 귀가 어두워지자 루는 남자들과의 관계를 모두 청

산하고 남편의 마지막 동반자가 되어 주었다. 루는 43년 동안
약속과 신념을 지켜 준 남편을 진심으로 존경했고, 그를 극진
히 보살폈다. 남편이 죽은 뒤 급격히 쇠약해진 루는 7년 동안
유방암 등의 병마에 시달리다 조용히 남편 뒤를 따랐다.

루는 당시 태동하던 여성 해방 운동의 아이콘 같은 존재
였다. 그러나 정작 본인은 그 운동에 동참하지 않았다. 그는
죽기 전 페미니스트들의 닦달에 이렇게 답했다.

"저는 여자로서의 삶을 대단히 감사하며 살아왔습니다."

클레오파트라

    "클레오파트라의 코가 조금만 낮았더라도……." 프랑스 철학자 블레즈 파스칼Blaise Pascal이 남긴 이 말은 여성의 매력에 대한 남자들의 어리석은 착각을 잘 보여 준다. 남자들은 본인이 생각도 못 했던 형편없는 외모의 여자에 푹 빠져 구애를 하고 결혼을 하면서도 여자의 매력은 무조건 섹시한 외모에서 나온다고 수천 년 동안 착각해 왔다.

    당대 세계 최고의 권력자들을 쥐락펴락 농락했던 클레오파트라는 실제론 작달막한 키에 전혀 예쁘지 않은 여자였다. 『플루타르크 영웅전』의 저자 플루타르코스Ploutarchos는 클레오파트라에 대해 "특별할 것이 없는 외모였으나 이상하게 대단한 매력을 갖고 있었다"고 묘사했다. 영국 대영 박물관에서 공개한 다수의 클레오파트라 석상들을 봐도 키는 150cm 정도에 두드러진 매부리코로 그 시대에 그저 그런 평범한 여자에 불과했다. 고고학자들은 당시 만들어진 석상들을 분석해 보면 클레오파트라는 미인은커녕 치아 배열도 엉망인 추녀에 가까웠을 것이라 판단하고 있다.

그럼에도 클레오파트라는 세계의 역사를 바꿔 놓았다. 당대 세계 최고 권력자들을 자기 뜻대로 조종하면서.

클레오파트라는 이집트에 세워진 프톨레마이오스 라지드 왕조 가문에서 태어났다. 프톨레마이오스는 그리스계 마케도니아 군인 출신으로, 이집트 토착민이 아닌 외부 지배 세력이었다. 프톨레마이오스 집안은 자신들을 '정복자'라고 생각했다. 당연히 이집트 민족들은 '피정복민'들이었고, 자신들은 한 번도 이집트인들의 언어를 배우지 않았다.

이 전통을 처음 바꾼 사람이 클레오파트라 7세Cleopatra VII 였다. (우리가 아는 클레오파트라는 정확히는 클레오파트라 7세. '클레오파트라'라는 단어의 뜻은 원래 '아버지의 영광'으로 클레오파트라 7세 이전에도 여러 여자 왕족들이 같은 이름을 씀.)

18세 때, 파라오 자리에 오른 클레오파트라는 그리스계 중심의 통치 체제를 완전히 뜯어고쳤다. 재상들을 그리스계가 아닌 이집트 토착민으로 뽑았고, 그리스 올림푸스 신이 아닌 이집트 토착신(태양신 라, 지혜의 여신 이시스)을 섬겼다. 영화에서 묘사된 클레오파트라의 특이한 화장은 이집트 토착신 이시스 분장으로, 최초로 이집트에 동화된 정복자 군주의 모습이었다.

클레오파트라는 선대의 파라오들이 망쳐 놓은 이집트를 되살리기 위해 눈물겨운 노력을 했다. 그는 이집트 민족주의를 자신의 편으로 만들었다. 왕궁의 일과가 끝난 뒤에는 평복으로 갈아입은 뒤 알렉산드리아의 시내로 나가 국민들과 어울렸다. 당시 세계의 지배자였던 로마의 권력자들과는 충직한 동맹 관계를 유지했다. 클레오파트라는 폼페이우스에 개인적 원한이 있었음에도 국가의 안위를 위해 필요한 자원을 지원했다.

말하자면 클레오파트라는 서구의 마초 역사관과 싸구려 오리엔탈리즘에 의해 왜곡된 캐릭터였다. 서양의 무수히 많은 작가들은 클레오파트라가 권력자 앞에서 틈만 나면 속옷을 벗었다는 둥, 100명의 남자와 난교 파티를 벌였다는 둥, 잔인하고 포악하기가 짐승과도 같았다는 둥의 거짓말을 지어내 클레오파트라를 광기의 캐릭터로 만들었다.

클레오파트라가 역사적 팜므 파탈로 자리 잡은 것은 그가 로마 최고의 권력자였던 카이사르Caesar, 그리고 안토니우스

Antonius와 연인 관계였기 때문이었다.

카이사르는 남동생에 의해 왕위에서 쫓겨난 클레오파트라를 (사실상) 복권시킨 장본인이었다. 카이사르는 누나를 쫓아내고 이집트 집권자가 된 남동생 프톨레마이오스 13세 Ptolemy XIII를 비호감이라고 느꼈다. 그리고 클레오파트라와 사귀기로 한 것을 보면, 카이사르는 이집트보다 클레오파트라가 마음에 들었던 것 같다. 비록 그는 난봉꾼에 호색한이었으나, 이집트에 있는 내내 클레오파트라와 다정하게 지내며 아들까지 낳았다. 그리고 클레오파트라와 아들을 로마까지 데려가 2년 동안이나 거처를 마련해 주었다.

카이사르가 죽은 뒤 로마의 권좌에 오른 안토니우스는 카이사르보다 훨씬 더 순정적으로 클레오파트라에게 빠져들었다. 그는 원래 이집트를 협박해 자원을 뜯어낼 생각이었다. 하지만 클레오파트라는 안토니우스의 협박을 가볍게 묵살해 버렸고, 안토니우스가 안달이 나서 흥분이 최고조에 이르렀을 때, 못 이기는 척 휘황찬란한 금은보화를 싣고 안토니우스를 직접 만나러 갔다.

이때 클레오파트라는 안토니우스를 만나기도 전에, 이미 그를 손아귀에 넣었다. 안토니우스는 이 거만하고 잘난 척하는 여자 파라오가 몹시 미웠고, 동시에 몹시 보고 싶었다. 인간의 마음이 원래 그랬다. 아쉬울수록 더 간절한 법이었다.

클레오파트라는 이 점을 잘 알고 있었다.

원래 안토니우스는 아쉬울 것이 없는 남자였다. 키케로 Cicero의 표현에 의하면 그는 "몸도 정신도 완벽하게 검투사 같은 사나이"였다. 그는 당대 로마 최고의 섹시 가이이자 최고 능력남이었다. 그래서 안토니우스와 로마의 권력을 나누고 있던 옥타비아누스Octavianus는 그에게 아부하기 위해 자신의 누이 옥타비아를 데려다 바쳤다. 옥타비아는 뛰어난 미모에 엄청난 교양을 갖춘 로마 최고의 신붓감이었다. 그러나 안토니우스는 땅딸막한 매부리코 이집트 여왕에 빠져 정신을 차리지 못했다. 옥타비아와 결혼까지 했으면서 이 조강지처를 버리고 사시사철 클레오파트라의 치마 속에서 놀았다.

안토니우스는 로마가 다스리고 있던 알렉산드리아를 클레오파트라에게 줘 버렸다. 자신이 정복한 영토도 클레오파트라에게 줘 버렸으며, 전쟁에서 이기고 돌아올 때마다 행하는 개선식도 로마가 아닌 알렉산드리아에서 했다. 그렇게 안토니우스와 클레오파트라는, 분노에 가득 찬 옥타비아누스의 로마군에 의해 멸망할 때까지 9년 동안 인생의 황금기를 누렸다.

클레오파트라는 외모만 빼면 완벽한 팔방미인이었다. 9개 언어를 구사했으며, 문학, 철학, 과학까지 못하는 것이 없었다. 노래와 악기 연주에도 출중했으며, 어릴 때부터 군사 훈련과 체육 교육을 받아 온몸이 근육으로 탄탄했다.

『플루타르크 영웅전』에 묘사된 클레오파트라의 '이상한 매력'은 정신적 신체적 자신감이었을 것이다. 본디 사람은 아는 것이 많고 생각이 깊어지면 눈빛과 표정이 달라진다. 누구 앞에서도 기죽지 않는 표정. 너무나 깊고 고요해 의중을 알 수 없는 눈빛.

게다가 클레오파트라는 현실주의자였다. 본인이 직접 발로 뛰며 문제를 해결했다. 본인이 직접 체득한 경험 덕에 그는 사람을 알고 세상을 알았다. 그래서 권력자들은 클레오파트라를 귀하게 여겼다. 만만하지도, 흔하지도 않은, 극단적 희소 가치를 지닌 여자로 생각했다.

클레오파트라가 미모를 오래 간직하기 위해 코브라에 물려 죽었다고 하는데, 이는 거짓말일 가능성이 높다. 코브라는 파라오의 왕관에나 등장하는 동물일 뿐, 실제 클레오파트라 시대에는 기록된 적이 없다. 그리고 뱀의 독에 물리면 얼마나 고통스럽게 죽는지 클레오파트라 본인이 누구보다 잘 알았다. (물론 뱀에 물리면 시체가 썩지 않는다는 엉터리 미신을 믿었을 리도 없었다.) 클레오파트라는 일산화탄소 중독으로 죽었을 것이란 추정이 가장 유력하다. 그가 죽을 당시의 포즈 역시 일산화탄소 중독자들이 죽기 전 모습과 일치한다.

웬디 덩

세상에 웬디 덩Wendi Deng의 존재가 알려진 것은 2011 년 7월 영국 하원 의사당 청문회였다. 당시 루퍼트 머독Rupert Murdoch은 자신의 회사에서 발생한 전화 해킹 사건과 관련해 의원들로부터 심문을 받고 있었다. 웬디 덩은 남편 루퍼트 머독의 곁에 앉아 물을 따라주고 등을 어루만지며 격려해 주었다.

그때 의사당을 방문한—평소 루퍼트 머독을 영화 속 악당으로 여기던—코미디언 한 명이 머독에게 면도 거품을 뒤집어씌웠고, 이를 본 웬디 덩은 벼락같이 튀어 올라, 배구 선수가 강 스파이크 때리듯, 코미디언의 얼굴을 손바닥으로 후려

쳤다. (부록 참조)

이 희대의 명장면은 전 세계에 보도되었고, 사람들은 웬디 덩이라는 여자에 대해 궁금해했다.

웬디 덩은 이 한 장면으로 모든 것이 설명되는 여자다. 본능적인 여자. 몸이 느끼면 그대로 행동하는 여자. 뛰어난 지능과 짐승의 야성을 동시에 갖춘 여자.

웬디 덩은 중국 산둥성에서 노동자의 딸로 태어났다. (본명은 덩원디 鄧文迪.) 사는 곳은 시골이었고, 집은 가난했다. 어릴 때는 공부 잘하는 모범생이었다. 키가 크고 운동을 잘해서 교내 우수 배구 선수로 발탁되기도 했다. 아버지 권유에 따라 의대에 진학했으나 웬디는 중국에선 의사를 해 봐야 출세할 수 없다는 점이 마음에 들지 않았다.

중국으로 파견 나온 미국인 공장장 제이크 체리Jake Cherry를 만난 것이 이때였다. 당시 웬디는 영어 실력을 키우기 위해 외국인 가정 교사를 찾고 있었다. 마음씨 좋은 제이크는 통역사를 통해 이 얘기를 듣고 자신의 아내를 웬디의 영어 교사로 붙여 주었다. 그리고 웬디가 미국의 대학을 다니고 싶다고 하자 기꺼이 스폰서가 돼 주었을 뿐 아니라 미국 LA에 있는 자기 집에 머물게 했다.

미국으로 건너간 웬디는 체리 부부의 집에서 그들의 5살짜리 딸과 함께 생활했다. 하지만 이들의 동거는 오래가지 않았다. 체리 부인은 남편과 웬디의 관계를 의심했고, 여러 정황 증거들이 발견되자 웬디를 집에서 내쫓았다. 그리고 제이크는 웬디를 뒤쫓아 집을 나갔다.

그렇게 체리 부부는 이혼했고, 제이크는 곧바로 웬디와 결혼하지만, 웬디가 미국 영주권을 얻자마자 둘은 갈라선다. 웬디는 애당초 50대 아저씨 제이크와 같이 살 생각이 없었다. 오갈 데가 없어 제이크와 결혼을 하긴 했지만 웬디는 결혼 넉 달 만에 이미 다른 20대 미국인 남성과 사귀고 있었다.

웬디는 캘리포니아 주립대를 졸업하고 MBA를 따기 위해 예일대에 입학한다. 아이비리그 MBA를 딴 그는 홍콩의 스타TV 인턴으로 일하게 되는데, 여기서 회장님 루퍼트 머독을 만난다. 당시 머독은 직원들을 대상으로 연설을 했는데, 이어진 질의응답 시간에 (질의 자격도 없던) 웬디가 손을 번쩍 들고 이렇게 물었다. "당신 사업은 중국에선 왜 그렇게 엉망인가요?"

그것이 계기였다. 당시 직원 대상 질의응답을 하면 으레 아첨과 아부가 이어지기 마련이었는데, 당돌한 여자 인턴 한 명이 그런 질문을 던진 것이 신선했다. 게다가 이 여자는 키도 컸고 (180cm도 넘음) 인상도 강했다. 잊을래야 잊을 수가 없었다. 웬디가 마음에 든 머독은 그를 중국어 통역사로 데리고 다녔다.

웬디는 처음에는 머독의 구애를 거절했다고 한다. 회장님

이랑 사귀다가 깨지면 자기는 회사를 더 이상 다닐 수 없었기 때문이었다. 그러자 회장님은 드라마에 나올 법한 대사를 던졌다. "걱정 마, 나랑 결혼하면 돼."

회장님은 32년간 함께한 조강지처 애나Anna Murdoch Mann를 버리고 37살 연하인 웬디와 1999년 결혼했다. (웬디 덩의 당시 나이 32세.) 머독의 조강지처였던 애나는 언론인 출신의 아름답고 기품 있는 여자였다. 행동거지가 조신해 좀처럼 외부에 모습을 드러내지 않았고 단 한 번도 구설수에 오른 적이 없었다.

머독은 애나와 완전히 정반대의 여자와 결혼하면서 아무런 뒷조사도 해 보지 않았다. 웬디가 자신의 은인이었던 체리 부부 가정을 파탄 낸 팜므 파탈이라는 사실을 알지 못했다.

우려와 달리 둘은 잘 살았다—최소한 초반에는. 머독은 본디 지독한 구두쇠였다. 돈을 좀처럼 쓰지 않았다. 하지만 중국 가난뱅이 집안 출신인 웬디는 달랐다. 머독에게 돈 쓰는 방법을 가르쳐 주었다. 집도 새로 사고, 옷도 새로 사고, 요트도 새로 사고, 연예인하고도 어울리게 했다.

웬디는 머독의 억만장자 인생의 주인이 되었다. 웬디는 머독의 사업에까지 관여했다. 뉴스 코퍼레이션의 중국 진출을 도왔고, 본인이 직접 TV 영화 문화예술 사업을 운영했다.

하지만 둘의 관계는, 웬디의 과거 다른 남자들과 그랬던 것처럼, 그리 오래가지 않았다. 웬디는 다혈질이었다. 좀처럼 감정을 자제하지 못했다. 재미있게도, 청문회 강 스파이크 사건 당시 이미 웬디와 머독은 온 동네 소문이 다 날 정도로 매일 사납게 싸우고 있었다. 집에서 웬디는 80이 넘은 남편 머독을 때리고, 그에게 욕하고 소리 지르고 모욕을 주었다. 목격자들에 따르면 노인 학대에 가까웠다고.

게다가 웬디는, 언제나 그랬듯, 다른 남자에게 눈독을 들이고 있었다. 토니 블레어Tony Blair 전 영국 총리였다. 둘은 이미 수차례 은밀한 장소에서 관계를 가진 것으로 추정됐으며, 결정적으로 영국의 일간지가 웬디의 일기를 공개하면서 실제 있었던 일로 판명됐다.

일기에는 웬디가 토니 블레어에 느낀 성적 매력이 솔직담백하게 적혀 있는데, 사람들은 이 일기를 통해 웬디가 아직도 영어를 잘하지 못한다는 사실을 알았다. 문법도 엉망이고, 표현도 유치하다.

이 사실이 알려지고 세계적 망신을 당한 머독과 웬디는 결혼한 지 14년 만에 이혼을 한다. 둘 사이에는 2명의 딸이 있고, 웬디는 재산 분할을 통해 천문학적 자산가가 되었다.

영국인들은 웬디 덩을 윌리엄 M. 새커리의 소설 『허영의 도시』에 등장하는 베키 샤프와 닮았다고 한다. 베키 샤프는 가난뱅이 집안에서 태어나 오직 출세를 위해 젊고 순진한 부자 남자들을 계획적으로 이용하는 캐릭터다. 웬디 덩은 그와는 좀 다른 캐릭터였다. 계획적이기보다 본능적이었다.

대부분의 여자들은 원하는 것을 얻기 전에 '그래도 되는지' 눈치를 보기 마련이다. 소설 『허영의 도시』의 베키 샤프도 먼저 눈치를 보고 뛰어드는 현실적인 캐릭터였다. 그러나 웬디에겐 그런 것이 없었다. 하고 싶은 말이 있으면 했고, 원하는 것이 있으면 앞뒤 재지 않았다.

그래서 웬디를 처음 본 사람들은 그의 이런 모습에 매력을 느꼈다. 어린아이처럼 대책 없이 순수했기 때문이었다. 그를 인터뷰한 기자와 작가들이 '대체 어떻게 저런 얘기까지 할 수 있지'라고 생각할 정도로 웬디는 무한정 솔직했다.

루퍼트 머독은 자기 집에서 웬디에게 매일 f**k이 들어가는 욕을 먹고 살면서도 웬디를 사랑했다. 머독이 사랑한 것은 웬디의 진심이었다. 집에서 욕하고 소리 지르는 것도, 청문회 때 면도 거품 테러리스트를 패 버린 것도, 거품에 엉망이 된 옷을 손으로 직접 닦아 준 것도, 토니 블레어와 놀아난 것도, 모두 웬디의 어린아이 같은 진심이었다.

머독은 그렇게 생각했다. 나를 사랑한 것이 진심이었으니 다른 남자를 사랑한 것도 진심이었을 것이라고. 둘은 별다른 분쟁 없이 원만히 헤어졌다.

기지마 가나에

2009년 10월 27일 자 요미우리 신문 1면에는 '결혼 사기 여성'에 관한 충격적인 기사가 실렸다. 34세 여자가 교제하던 남성 4명을 살해한 것으로 추정된다는 내용. 원래는 혼인을 빙자한 사기 사건이었으나, 내막을 알고 보니 연쇄 살인 사건이었다.

용의자 기지마 가나에木嶋 佳苗는 요리 블로그를 운영하는 블로거였다. 언젠가부터 인터넷 결혼 정보 사이트에 가입해 남자들을 유혹했다. 내용은 유치하고 뻔했다. 가난한 음악도 내지는 요양 보호사로 위장해 돈을 요구했다.

수십 명의 남자들이 여기에 낚였다. 힘없고 가난한 여자처럼 남자에게 쉬운 대상은 없었다. 원하는 돈만 주면 금방 자기 소유의 여자가 될 것 같았다.

가나에는 남자의 이런 속성을 본능적으로 알고 있었다. 남자들에게는 힘없고 가난한 여자가 쉬워 보였지만, 가나에에겐 이런 남자들이 더 쉬웠다.

대부분의 남성들이 돈을 뜯긴 뒤 금세 이별 통보를 받았으며, 이들 중 6명(대부분 가나에에게 돈을 돌려받으려 했던 남자들)은 사체로 발견되거나 실종되었다.

그러나 이 사건에서 사람들이 주목한 것은 연쇄 살인이 아니라, 가나에가 못생겼다는 사실이었다. (부록 참조)

[일본 일간지에 전격 공개된 가나에의 프로필]

1974년 11월 27일 홋카이도 베쓰카이에서 4남매 중 맏딸로 출생. 조부는 그 지방 의원, 중학교 때 부모는 이혼.

1993년 4월 고교 졸업 후 상경.

1996년 4월 토요대 경영학부에 입학했으나, 이듬해 학비 미납으로 제적.

사기를 당한 남자들은 대부분 가나에를 직접 만나 그가 100kg이 넘는 고도비만 추녀라는 사실을 확인했다. 오히려 이들 중 상당수는 가나에를 직접 만난 뒤 그에게 홀랑 빠져들

어 수차례 성관계를 가졌을 뿐 아니라, 일부는 '이 여자와 결혼해야겠다'라는 결심까지 했다.

마지막 희생자였던 40대 회사원 오이데 요시유키는 가족들에게 가나에와의 결혼 계획을 매우 들뜬 마음으로 알렸으며, 자신의 블로그에도 '사랑스러운 약혼녀'에 대한 글을 수차례 남긴 뒤 살해당했다.

가나에의 사진이 공개되자 많은 사람들은 '남자들이 변태였다', '멍청한 남자들이라서 당했다', '세상이 타락한 탓이다' 등으로 해석했다. 하지만 가나에에게 당한 남자들은 모두 정상적인 가정에서 정상적으로 자란 남자들이었다. 이들은 하나같이 상식적이고 모범적인 사회인들이었다.

심리 전문가들은 충분히 그럴 수 있다고 해석했다. 일본의 한 전문가는 언론 인터뷰에서 "남자는 모두 피고인 같은 타입의 여자가 왜 인기가 있었는지 의아하게 생각하겠지만 놀라울 일은 아니"라며 "교묘한 말로 상대를 리드했고 육체관계를 통해 적극적으로 어필했다"고 설명했다.

가나에의 희생자들은 모두 가나에에게 실제 매력을 느꼈다는 뜻이다. 가나에에겐 실제 그런 매력이 있었다. 수백만 엔을 거저 주고 희생당할 정도의 매력이.

가나에는 2012년 법원에서 사기 갈취 및 3명의 살해 혐의로 사형을 선고받는다. (1인당 500만 엔에서 최대 1억 엔을 갈취했으며 최소 6명을 죽인 것으로 알려져 있었으나, 나머지 3명의 변사체는 부검 없이 화장되어 혐의에서 벗어났다.) 본인은 무죄를 주장하며 항고했는데, 그사이에 옥중 블로그를 운영하여 다시 세상을 놀라게 한다.

가나에는 사람들을 죽인 것을 눈곱만큼도 반성하지 않고 있으며, 사형을 선고받았다는 사실조차 관심 없다는 듯, 해학과 유머를 곁들인 구치소 일기를 블로그에 연재했다. 심지어 자신을 찾아오는 변호사와 언론인에게 노골적인 연애 감정을 드러내기도 했다.

개인적으로 아오키 씨의 헤어스타일이 너무 좋다. 조금 희끗희끗하면서도 찰랑거리는 머리가 굉장히 잘 어울린다. 키가 크고 호리호리한 외모라서 그가 취재를 올 때면 가슴이 두근거렸다.

가나에의 블로그는 폭발적인 인기를 끌었다. 그의 블로그에는 '뻔뻔스러움의 극치', '병적인 나르시시즘의 소유자'라는 답글들이 달렸다. 하지만 사람들은 깨닫기 시작했다. 가나에가 왜 그렇게 인기가 많았는지, 왜 그렇게 많은 남자들을 갖고 놀 수 있었는지.

가나에는 어릴 때부터 단 한 순간도 자신이 못생겼다는 생각을 해 본 적이 없었다. 그는 학창 시절부터 진심으로 자신이 대단한 미인이며, 관심만 있으면 어떤 남자든 유혹할 수 있다고 생각했다.

배우가 연기를 잘하려면 본인이 진심으로 배역 속 실제 인물이라고 생각해야 하는 법이다. 본인이 정말 그 상황 속에 놓인 바로 그 인물이라고 생각하고 본인부터 빠져들어야 관객과 시청자들도 그가 연기한 장면을 진짜라고 믿는 법이다.

그런 면에서 가나에는 탁월한 배우였다. 본인은 결코 연기한다고 생각하지 않는 그런 최고의 배우였다. 그는 작품을 남기는 대신 시체를 남겼지만, 그의 연기(매력녀의 혼인 빙자 사기)는 단연 정상급이었다.

그는 살인죄로 법정에 서서도 조금도 주눅 들지 않았다. 그는 법정에서도 기막힌 달변이었으며, 선고 후에는 재판 수기를 언론을 통해 공개하기도 했다. 당시 일본 언론들은 "법정에 선 기지마는 절대적인 자신감을 뽐내며 마치 드라마 속 여주인공처럼 도도한 모습이었다"고 평했다.

말하자면 가나에 입장에선 당연한 일을 했을 뿐이었다. 그는 애당초 남자들을 꼬시는 문제로 고민하거나 심사숙고하는 법이 없었다. 결혼 정보 사이트에 올린 자기 소개글도 무성의했으며, 남자를 꼬시기 위해 올린 글은 사기꾼이 항상 써먹는 판에 박힌 소재와 문구들뿐이었다. 게다가 여기에는 별다른 패턴 변화도 없었다. 미리 써 둔 글을 복사 붙여넣기 해서 수십 명에게 그대로 쓰는 것 같았다.

그는 사기를 쳐서 번 돈에 대해서도 일말의 미련을 느끼지 않았다. 남자로부터 돈을 받으면 그때 그때 통장에서 인출해 홀랑홀랑 다 써 버렸다. 그렇게 많은 남자로부터 그렇게 많은 돈을 뜯어냈으면서도 그는 20만 엔가량의 월세도 내지 못하며 쪼들려 살았다.

무성의와 무책임. 이런 성품은 사람들의 거부감을 살 거라 생각하기 쉽지만 사실은 그렇지 않았다. 무성의와 무책임은 오히려 가나에의 매력을 돋보이게 했다. 가나에는 뒤돌아보거나 후회하지 않았다. 본인이 한번 그렇다고 믿으면 절대로 의심하지 않았다. 그래서 남자들이 넘어갔다. 본인이 진실로 그렇게 믿으니 상대방도 그렇게 믿었다. 아무것도 눈치 보지 않고 아무것도 신경 쓰지 않으니 오히려 더 믿기 쉬웠다. '그렇게 자신이 있으니 저렇게 의연하겠지' 하고.

매력의

기원

매력은 생존 문제로 귀결된다. 우리의 모든 말과 행동은 생존이라는 목적을 갖는다. 밥 먹고, 잠자고, 옷 입고, 욕하고, 비명 지르고, 도망가고. 모두 직접적 생존 유지를 위한 활동이다. 눈을 깜박이고 머리카락을 넘기는 것처럼 아무 의미 없어 보이는 무의식적 행동들도 알고 보면 눈을 보호하고 시야를 확보해 생존율을 높이기 위함이다. 거짓말, 변명, 칭찬, 아부, 그리고 '방어 기제'라고 불리는 수많은 볼썽 사나운 행동들 역시 생존을 위한 절박한 (하지만 의식하지 못하는) 행동들이며, 미움, 질투, 열등감, 자격지심 같은 심리조차 생존을 위한 자동반사적 정신 활동이다. 쉽게 말하면 그렇다. 의식적이든 아니든 당신의 모든 행동은 생존을 목적으로 한다. 당신이 건강한 사람이라면 당신의 모든 말과 행동은 생존 목적에 기반하며, 그렇지 않은 말과 행동은 당신이 건강하지 않다는 증거다.

매력을 느끼는 것도 생존을 보장받기 위한 본능이다. 사과를 예로 들어 보자. 누구나 시퍼렇게 멍든 사과가 아닌 새빨갛게 윤기 흐르는 사과에 매력을 느낀다. 아무도 멍들고 썩은 사과를 고르지 않는다. 공짜로 가져가라고 해도 가져가지 않는다. 대신 돈을 주고 새빨간 사과를 산다. 그래야 생존하기 때문이다. 자연이 인간에게 '매력에 대한 본능'을 부여한 것은 썩은 사과 먹고 죽지 말라는 생존의 메커니즘이다. 매력이란 무엇인가. 이에 대한 본질적인 답은 그래서 다음과 같다: 당신이 썩은 사과를 먹고 죽지 않게 하기 위한 자연 본능.

한 단어로 '건강'이다. 매력이란 건강을 의미한다. 매력 있다는 말은 건강하다는 말이고, 매력이 없다는 말은 건강하지 않다는 말이다. 우리는 건강한 것에 매력을 느낀다. 건강한 과일을 먹어야 몸이 건강하다. 건강한 사람을 가까이해야 나도 건강해진다. 병에 걸릴 위험이 줄어들고, 위험한 상황에서 죽지 않을 가능성도 높아진다. 번식 문제와 결부될 경우 건강 문제는 더 중대해진다. 건강한 사람과 성적으로 결합해야 더 건강한 자손을 생산할 수 있기 때문이다. 더 건강한 자손을 생산해야 육아의 부담도 덜하고 늙어서 안정적 부양을 받을 가능성도 높아진다. 반대로 우리는 건강하지 않은 것에 거부감을 느낀다. 병든 과일을 먹으면 나도 병에 걸리기 때문이다. 병든 사람과 함께 있으면 나도 병들기 때문이다.

모든 자연의 본능은 생존과 번식에 기반한다. 잘 익은 사과, 아름드리나무, 5월의 장미, 강인한 남자의 복근, 엄마에게 방긋 웃는 아기……. 이런 걸 볼 때 우리는 매력을 느끼고 감탄한다. 이들이 '건강하기' 때문이다. 썩은 과일과 시든 꽃과 말라비틀어진 나무, 병색이 짙은 환자를 보고 매력적이라고 말하지 않는다. 이들이 '건강하지 못하기' 때문이다. 세상 모든 것이 다 그렇다. 건강해야 아름답고, 건강해야 매력을 느낀다. 그래야 생존하고, 그래야 번식에 성공하기 때문이다. 죽지 않기 위해—더 오래 생존하기 위해, 더 건강한 자손을 낳고, 더 건강한 여생을 보내기 위해, 자연은 우리 모두에게 매력의 본능을 심어 주었다.

우리가 매력을 가장 직접, 가장 빠르게 느끼는 부분은 외모다. 시각이 다른 모든 감각에 우선하기 때문이다. 외모가 매력을 어필하기 가장 효과적이며, 이 때문에 자연의 거의 모든 생명체들이 외적 매력에 가장 많은 에너지를 투자한다. 세부적으로 알아보자.

털과 피부

가축 시장 상인들은 제일 먼저 가축의 털을 쓰다듬어 본
다. 동물의 몸 어딘가가 안 좋으면 가장 먼저 털에 증상이 나
타나기 때문이다. 털이 빠지거나, 윤기가 없거나, 푸석푸석한
경우 이 개체의 현재 건강 상태가 좋지 않거나 원래 건강하지
못한 것으로 판단할 수 있다. 우리가 사람의 머리숱(대머리)에
민감한 이유도 여기 근거한다. 동물의 공통 생리이기 때문이
다. 인간이든 동물이든 본능적으로 '털이 빠지면 건강에 이상
이 있다'고 느끼는 것이다. 실제 인간의 머리숱이 건강과 직
접 관련이 없어도 누구나 그렇게 느낀다. 수백만 년 이상 진
화된 본능이기 때문이다.

인간의 실제 건강 상태는 (머리)털이 아닌 피부에 드러난
다. 동물의 건강 상태가 털에 나타나는 것처럼 인간의 건강
상태는 피부에 나타난다. 혈색이 좋지 않거나 피부가 푸석푸
석 건조하고 트거나, 자꾸 붉어지거나 뾰루지가 생기는 현상
은 피로, 스트레스, 영양 부족, 질병 감염 등을 의미한다. 인
간이 피부과에 천문학적인 돈을 쓰는 이유다. 피부 상태가 곧
그 사람의 건강 상태, 매력이기 때문이다. 포유류가 털을 다
듬고 새들이 깃털을 단장하는 것과 동일한 자연 본능이다.

얼굴

얼굴은 노화, 질병, 상해 등을 가장 민감하게 드러내는 신체 부위다. 노화가 가장 먼저 발생하는 부위도 얼굴이고, 병색이 가장 먼저 드러나는 부위도 얼굴이며, 스트레스를 받아도, 기분이 좋지 않아도 가장 먼저 얼굴에 나타난다. 우리는 얼굴을 보고 그 사람의 현재 건강, 기분 상태뿐 아니라 그간 살아온 인생까지 판단한다. 아름답고 보기 좋은 얼굴은 우수한 건강 상태와 양질의 유전자를 대변하며, 이 사람이 그동안 얼마나 유복한 (혹은 박복한) 인생을 살았는지도 가늠하게 해 준다.

인간의 화장과 성형 기술은 기원전부터 발달했으며, 세월이 갈수록, 문명이 발달할수록 그 규모가 커지고 있다. 인간의 허영이 아닌 대자연의 본능이다. 원숭이도, 공작새도, 그들에게 화장과 성형 기술이 주어진다면 인간과 다름없이 많은 돈과 시간과 노력을 들였을 것이다.

입술

입술이 붉을수록 미인으로 인식하는 것도 건강과 직결돼 있기 때문이다. 입술이 빨갛고 윤이 날수록 건강하다는 표시다. 피로, 스트레스, 영양실조, 감염 등의 상태에 놓이면 가장 먼저 입술 색이 바래고 트기 시작한다. 입술 색이 정상이 아닐 경우 (예를 들어 보라색이나 검붉은색일 경우) 사람들은 심각한 거부감을 느낀다. 립스틱/립글로스는 이 때문에 발명된 상품이며, 기원전에도 여자 입술을 붉게 칠하는 도구/염료가 사용됐을 정도로 인간의 입술은 건강, 즉 매력을 나타내는 중요한 표식이다.

이빨

가축 시장 상인들이 가축의 털 다음으로 살펴보는 것이 이빨이다. 상인들은 털의 상태를 확인한 후 가축의 입을 벌려 이빨 상태를 확인한다. 이빨이 고르지 못하면 영양 섭취에 문제가 생기기 때문이다. 자연 상태에서는 치아 한두 개만 문제가 있어도 곡물, 견과류, 억센 잎줄기를 씹어 삼키는 데 큰 곤란을 겪는다. 따라서 이빨이 고르지 않거나, 썩었거나, 빠진 개체는 생존에 큰 어려움을 겪는다. 과거에도 지금에도 건치는 중요한 건강의 상징이다. 성형을 주제로 하는 TV쇼를 보면 쉽게 이해할 수 있다. 못생긴, 거부감 드는 사람들을 데려와 가장 먼저 손 보는 부위가 치아다. 인간의 치아 상태는 그 사람의 인상을 결정짓는 가장 중요한 요소이다. 아무리 사람 얼굴이 잘생기고 몸매가 좋더라도 치아 하나만 부실한 것이 보여도 격한 비호감을 느낀다. 현대 사회에선 치아가 없어도 영양 섭취가 가능하지만, 과거에는 치아 한두 개만 문제 있어도 영양 섭취에 곤란을 겪고 도태되기 십상이었다. 수백만 년간 진화된 자연 본능이 지금도 여전히 변함없는 영향력을 발휘하고 있다.

눈

눈은 동물의 생존에 가장 중요한 역할을 하는 장기다. 안 보이면 먹질 못하고, 도망가지도 못한다. 눈에 이상이 있으면 생존이 몹시 어려워진다. 피부나 입술 색이 좋지 않은 것보다 눈 상태가 나쁜 것이 훨씬 공포감을 주는 까닭이다. 특히 눈은 대뇌에 직접 붙어 있는 기관이기 때문에 개체의 두뇌 건강을 확인하는 가장 좋은 표식이기도 하다. '눈빛에 반했다'는 말은 결코 빈말이 아닌 셈이다. 눈의 상태가 해당 개체의 건강과 지능, 그리고 앞으로의 생존 확률까지 알려 주는 중요한 척도이기 때문이다.

몸매

우리가 일반적으로 이상적 몸매라고 생각하는 몸의 형태는 그 개체의 건강 상태와 번식 능력을 보여 주는 중요한 기준이다. 남성의 역삼각형 상체는 병에 대한 면역력이 좋고 정자 생산량도 많다는 표식이며, 여자의 잘 발달된 골반과 탄탄한 허벅지, 그리고 잘록한 허리는 건강과 출산 및 육아에 유리하다는 표식이다. 우리가 보기에 아름다운 몸매, 성적 매력이 느껴지는 몸매는 번식에만 유리한 것이 아니라, 해당 개체 역시 실제 건강하게 오래 살 것이란 사실을 말해 주는 지표인 셈이다. 반대로, 통상 매력적이라고 말하지 않는 몸매, 복부 비만 ET형 몸매일수록 1) 남자는 정자 생산량이 떨어지고, 2) 여자는 생리불순과 불임의 가능성이 높아진다. 그리고 이런 몸매일수록 고혈압, 당뇨, 심혈관 질환 등 각종 치명적 질환에 시달릴 위험도 높다.

걸음걸이

걸음걸이는 해당 개체에 관한 많은 정보를 제공한다. 걸음걸이가 어색하거나 불편해 보이면 이 개체는 병이 있거나, 장애가 있거나, 근육이 발달하지 못했거나, 뇌 기능에 문제가 있는 것. 특히 인간은 이족보행이라 그 어떤 동물보다 걸음걸이에 신체 건강 상태가 극명히 드러난다. 인간은 배가 조금만 아파도 걸음걸이가 흐트러지며, 컨디션이 조금만 좋지 않아도 걸음이 불편해진다. 특히, 뇌가 제 기능을 못할 때—심하게 스트레스를 받거나 집중하지 못할 때도 걸음이 흐트러지고 리듬감을 잃는다. 힘차고 절도 있는 걸음, 여유롭고 균형 잡힌 걸음은 1) 균형 잡힌 몸매, 2) 잘 발달된 근육, 3) 또렷한 인지 기능을 의미한다.

매력은 외모로만 나타나는 것이 아니다. 소리와 냄새 역시 해당 개체의 매력, 건강 상태를 가늠하는 중요한 기준이다.

목소리

남자의 목소리는 테스토스테론 수치와 밀접한 상관관계가 있으며, 목소리가 명료하고 낭랑할수록 건강 상태가 좋다는 사실을 말해 준다. 얼굴처럼 목소리도 스트레스, 피로, 영양 결핍, 질병 감염 여부에 따라 민감하게 변화한다. 가늘고, 갈라지고, 잠기고, 갑갑한 목소리가 사람들에게 부정적인 인상을 주는 것은 이 때문이다. 야생 자연에서는 소리의 중요성이 더 높아진다. 봄에 우는 개구리, 여름에 우는 매미는 목소리에 의해 짝짓기 성공 여부가 결정되며, 조류 역시 목소리가 더 아름답게 더 멀리 울려 퍼지는 수컷이 암컷과 성공적인 짝짓기를 한다.

냄새

포유 동물들은 처음 이성을 만났을 때 제일 먼저 서로의 냄새를 확인한다. 냄새를 맡음으로써 상대의 신체적 특징과 질병 감염 여부를 알아낼 수 있기 때문이며, 무엇보다 냄새는 상대와 나의 성적 궁합—유전적 적합도Compatibility를 알려 주는 가장 정확한 정보이기 때문이다. 냄새는 생명체의 유전 구조와 건강 상태를 가장 정확히 알려 주는 정보임에도 후각이 퇴화한 인간들에게는 중요하게 인식되지 않는다. 그럼에도 인간들은 여전히, 지난 수백만 년 동안 선조들이 그랬던 것처럼, 아직 냄새를 통해 상대의 성적 적합도를 파악하는 본능이 남아 있다. 그래서, 첫 만남에서 적극적 호감을 보이던 상대가 아무 이유 없이 돌아서는 경우, 냄새가 원인인 경우가 많다. 냄새는 이성에 대한 매력을 지배하는 무의식적 요인이다. 상대에게 다른 결격 사유가 전혀 없어도 냄새 요인 하나 때문에 매력을 잃는 일은 드물지 않게 발생한다. 다만 대부분 이를 인지하지 못하는 것일 뿐.

사람이든 동물이든 건강하기 때문에 아름다움을 느끼고, 건강하기 때문에 매력을 느낀다. 아름다움은 '건강하며 번식력이 우수하다'는 자연의 표식이다. 예쁘다, 아름답다, 매력적이다, 끌린다, 모두 본질적으로 같은 말이다. 이런 느낌을 어떻게 갖게 된 것인지 이해한다. '예쁘다, 아름답다, 매력적이다' 같은 느낌, 감정, 가치 평가를 갖게 된 가장 근본적, 근원적인 이유를 이해한다. 건강하기 위함이다. 더 건강하게 생존하고, 더 건강하게 삶을 누리고, 더 건강하게 번식하기 위함이다. 개체의 생존을 위해, 종의 발전을 위해, 더 건강한 상대와 번식을 유도하기 위해 대자연이 프로그래밍한 본능인 것이다. '청순가련, 병약청초, 미인박명' 같은 말은 무지한 조상들이 만들어 놓은 헛소리일 뿐. 실제론 미인이 잔병치레가 적고, 건강하게 오래 살 확률이 높으며, 번식력도 우수하다. 어떤 이들이 젓가락처럼 마른 청순가련 병약청초 여성상이 최고라고 헛소리를 하더라도 그들 또한 어쩔 수 없이 매력을 느끼는 쪽은 언제나 매끈한 피부에 윤기 있는 머리카락을 가진 초롱초롱 눈빛의 건강 미인이다. 그래야 생존할 가능성이 높기 때문이다. 그래야 건강한 자손을 생산할 확률이 높기 때문이다. 지난 수억 년간 지구 생명체들 모두 이 하나의 원칙에 의해 생존하고 번식해 왔다. 건강한 것에 아름다움을 느끼고, 건강한 것에 매력을 느끼는 원칙. 매력에 대한 이야기는 이 원리 원칙에서 출발한다. 어떤 대상이든, 그것이 사람이든, 동물이든, 물건이든, 혹은 무형의 아이디어든, 우리가 매력을 느끼는 까닭은 곧 그것이 건강하기 때문이며, 내가 건강하게 생존하고자 하는 본능 때문이다.

맨처음 이 책을 『매력 강좌』라는 제목으로 출간했던 때, 부제가 '남자에게 청혼받는 법'이었던 이유다. 남자들은 '어떤 여자와 결혼하고 싶으냐' 물으면 십중팔구 '예쁜 여자와 결혼하고 싶다'고 답한다. '예쁜 여자'는 비유적 표현이다. '건강한 여자와 결혼하고 싶다'는 본능을, 좁은 의미에서, 구체적으로 표현한 것이다. 실제 세속적 의미에서 '예쁜 여자'와 결혼을 하는 남자는 극소수다. 대부분의 남자들은 세속적 의미에서 예쁘지 않은 여자와 결혼한다. 이들의 결혼을 결정짓는 최후의 기준은 건강이다. 머릿속에는 결혼하고 싶은 여자에 대한 오만가지 기준이 있을 것이다. 하지만 실제 남자들의 본능과 무의식을 지배하는 기준은 건강이다. 남자들은 때가 되고, 기회가 되면, 그리고 상대가 건강하면 결혼을 결정한다. 그게 자연의 본능이다. 결혼은 전적으로 (안정적) 번식을 위한 제도이며, 건강한 상대와 짝을 지어 건강한 자손을 생산한다는 대자연의 본능에서 벗어날 수 없다.

매력은 타고나는 것이 아니다.
누구나 매력을 키울 수 있다.

단, 노력하는 사람만이 그것을 가질 수 있다.
매력은 외부에서 오는 것이 아니라,
스스로 선택하고 만들어가는 것이다.

예쁜데

매력

없는

이유

예쁜데 매력 없다니. 대체 왜.

미인은 아니지만 매력 있다니. 대체 왜.

매력은 '외적 아름다움'이 전부가 아니기 때문이다.

'매력 = 아름다운 외모'. 이게 전부라면 앞서 예로 들었던 월리스 심프슨, 장녹수, 클레오파트라, 웬디 덩, 기지마 가나에는 모두 매력녀 탈락이다. 특히 기지마 가나에는 신체가 건강하지 못했을 뿐 아니라, 자신에게 매력을 느낀 남자들을 모두 죽이거나 불구로 만들었다. 즉, 가나에는 빨간 사과가 아니라 썩은 사과—독이 든 사과였던 것이다. 매력은 생존을 위해 만들어진 본능인데, 가나에의 매력은 사람을 생존하지 못하게 만든 것이다. 가나에의 '역설 매력'은 예외적 사례가 아니다. 이와 거의 동일한 사례는 전 세계 어디서나 쉽게 찾아볼 수 있으며, 심지어 일본에는 같은 시기에 똑같은 케이스가 하나 더 있었다. (관련 기사: 일본 제2 '못난이 꽃뱀' 죽음 부르는 뚱보 호스티스 풀스토리, 일요신문, 2009. 11. 29.)

우리는 '아름다움'에 대한 생각을 바꾼다. 우리가 느끼는 시각적 아름다움은 매력의 극히 일부, 찰나의 순간 사라질 자극에 불과하다는 사실을 깨닫는다. 아름다운데, 건강한데, 누구보다 팔팔하게 오래 살 것 같은데, 그런데 매력 없는 사람이 많다는 사실을 깨닫는다. 절세미남인데 여자와 관계 유지가 안 되는 남자들, 절세미녀인데 언제나 남자들에게 이용만 당하고 버려지는 여자들. 이런 사람들 당신 주변에도 흔하다. 우리가 아는 것보다, 상상한 것보다 훨씬 많다.

시각적 아름다움은 일시적이다. 당신을 인간관계에 승자로 만들어 주는 것은 시각적 아름다움이 아니라 정신 건강이다. 예쁜데 매력 없는 여자. 남자들이 줄줄 따라다닐 것 같은데 언제나 남자에게 버림받고 무시당하는 여자들을 떠올려 본다. 이들의 공통점이 무엇인지 생각해 본다. 옹졸함, 의심이 많음, 경계가 심함, 거짓말을 일삼음, 몰상식함, 고집불통임, 툭하면 욱하거나 아무리 절세미녀라도, 세계적 위인이라도, 예수 공자 보살의 환생이라도, 내 눈앞에서 이런 행동을 하면 누구나 본능적으로 거부감을 느낀다. 나도 모르게 멀리하게 된다. 왜. 건강하지 못하니까. 매력이 없으니까. 매력의 근본 원리는 달라지지 않는다. 세상이 어떻게 바뀌더라도, 건강해야 매력이 있고, 건강하지 못하면 매력이 없다는 사실은 변치 않는다. 앞서 말했던 외적 아름다움의 기준은 정신에 동일하게 적용된다. 병든 외모에 거부감을 느끼고 마음이 멀어지는 것처럼, 병든 정신에도 역시 똑같이 거부감을 느끼고 마음이 멀어진다.

중요한 건 정신의 건강이 더 오래간다는 사실이다. 더 오래갈 뿐 아니라 더 강하고 광범위하다. 우리는 시각중심적 삶을 살기에 이 사실을 쉽게 깨닫지 못한다. 앞서 말한 것처럼, 시각이 가장 빠르기에, 다른 감각에 우선하기 때문에 쉽게 착각에서 벗어나지 못한다. 실제 우리의 삶에 결정적 영향을 주는 것은 시각이 아닌 마음이다. 시각은 시간이 지나면 무뎌지고 잊히지만 마음은 지속된다. 아주 오래 우리의 삶에 지대한 영향을 끼친다.

외적 건강은 사과가 썩었는지 안 썩었는지, 맛이 있는지 없는지 구분하는 데 그친다. 사과는 먹고 버리면 그만이지만, 인간은 그럴 수 없다. 오랫동안, 때로는 평생, 함께 끊임없이 주고받으며 살아야 한다. 시각적 아름다움이 왜 일시적인지 깨닫는다. 썩었는지 안 썩었는지, 맛이 있는지 없는지 판단하는 데 쓰이고 끝이기 때문이다. 정신 건강이 왜 더 오래가는지 깨닫는다. 함께 살아가는 데에 필요하기 때문이다. 정신 건강은 같이 사는 데에 가장 절실한 요소다. 정신이 병들면 대책이 없기 때문이다. 몸이 병들면 병원에 가면 되지만 마음이 병들면 병원에 갈지 판단하기도 어렵고, 당장 확실한 치료책이 없기 때문이다. 정신에 문제가 있는 사람은 함께 있는 상대방에게 지속적인 피해를 입히기 때문이다.

「Benefits Supervisor Sleeping」이란 제목의 그림(부록 참조)은 2008년 뉴욕 크리스티에서 3,360만 달러에 팔리며 그 당시 현존 작가 최고가로 기록된 작품이다. 이 그림을 산 사람은 이 그림이 추하고 보기 싫은데 3,360만 달러를 내지는 않았을 게다. 미국은 탈세에 엄격하기 때문에 세금 재테크를 목적으로 사지도 않았을 게다. 작가인 루시안 프로이트Lucian Freud의 작품이 이 당시 아무리 비싸 봐야 1,000만~2,000만 달러 사이에 팔렸다는 점을 감안하면 당장 더 비싸게 팔기 위한 목적으로 보기도 어려울 게다.

당신이 어떻게 느끼든, 기본적으로 이 그림은 굉장한 미적 가치를 갖고 있으며, 그리고 미술에 조예가 깊은 사람들에게는 놀라울 정도로 매력적인 작품이다. 대체 왜. 매력은 아름다움이건만. 왜 이렇게 추하고 병든 (것처럼 보이는) 아줌마 그림이 사상 최고가를 기록한 것인가.

케이트 모스Kate Moss. 루시안 프로이드를 비롯한 전 세계 예술가들이 가장 사랑했던 여자다. 패션 모델로서 가장 많은 돈을 벌었던 사람이자, 2007년 타임 선정 세계 최고 유명인 100, 클레오파트라 시대 이후 가장 거대한 금동상의 모델이기도 하다. 유명세만큼 사생활도 화려해서, 수준 차이를 가늠할 수 없는 다양한 남자들과의 쉴 새 없는 스캔들, 혼외 임신, 마약 복용까지, 무분별한 사생활로 외모가 형편없이 망가졌지만 그럼에도 마흔까지도 현역으로 활동했다. 케이트 모스가 세계 최고 패션 모델로 뜬 건 본인의 노력 때문도 아니었다. 케이트는 14살에 공항에서 어느 잘나가는 모델 에이전시 사장님의 눈에 띄어 패션계에 강제 데뷔한 뒤 25년 넘게 승승장구했다. 오직 본인의 타고난 매력 하나로.

하지만 어떻게 봐도 케이트 모스는 전형적인 미인이 아니다. 어느 곳 하나 다듬어지지 않은, 오히려 전형적으로 못난 편이었다. 광대뼈 툭 튀어나오고 눈 사이가 머나먼 관상에, 치아도 고르지 않아 입만 벌리면 보기 싫다는 인상까지 풍긴다는 말까지 들었다.

앞서 예로 든 루시안 프로이드의 그림과 케이트 모스. 둘 사이에는 공통점이 있다. 눈치 보지 않았다는 거다. 내가 어떻게 생겼는지, 썩었는지 안 썩었는지, 맛이 있는지 없는지, 상관하지 않았다는 거다. 프로이드는 소파에 누운 모델의 몸이 추하다고 생각하지 않았다. 남들이 추하다 느낄까 걱정하지도 않았다. 왜냐하면 자기가 보기에는 추하지 않았기 때문이다. 그가 보고 느낀 건 자연이었다. 아마 그는 모델의 몸을 그랜드캐년 비슷하게 여겼을 것이다. 그에게 아줌마의 몸은 수천만 년 진화가 빚은 또 다른 자연이었을 것이다.

자연 그대로. 내가 느낀 대로, 내가 본 대로, 우리는 건강한 신체에도 매력을 느끼지만, 다른 사람 눈치 보지 않는 당당한 태도, 정신, 마음가짐에도 매력을 느낀다. 프로이드의 그림을 르네상스 그림들과 비교해 보자. 그때 그림은 사람들의 눈치를 봐야 했다. 주문 제작이었기 때문이다. 주문자의 취향과 요구에 맞춰 줘야 했기 때문이다. 모든 그림 속 주인공들은 판에 짜인 듯한 표정과 자세를 유지해야 했다. 그때는 그랬다. 예쁘게, 근엄하게, 장엄하게 보이는 것이 최선이었다.

매력은 태도와 정신과 마음가짐에 절대적 영향을 받는다. 패션 예술가들은 케이트 모스를 보고 같은 감정을 느꼈다. 케이트는 자신이 못생겼다 생각하지 않았다. 툭 튀어나온 광대뼈와 고르지 않은 치아에 사람들이 실망할까 걱정하지 않았다. 어느 누구 어떤 상황 어느 카메라 앞에서도 절대로 예쁜 척하지 않았다. 그저 카메라 앞에 서는 것이 좋았다. 수많은 예술가들이 케이트 모스의 다듬어지지 않은 얼굴에서 자연을 보았다.

당신이 정직한 사람을 보고 느끼는 감정과 동일하다. 세상에는 자신에 대해 부풀리거나 지어내는 사람과, 자신에 대해 있는 그대로 얘기하는 사람이 있다. 부풀리고 지어내는 사람은 눈치를 보고 아닌 척을 한다. 왜냐하면 거짓말을 하기 때문이다. 있는 그대로 얘기하는 사람은 눈치 보지 않고 아닌 척하지도 않는다. 왜냐하면 거짓말을 하지 않기 때문이다. 당신이 비호감이라고 생각하는 사람들을 떠올려 보자. 그 사람이 왜 비호감인지 생각해 보자. 남 앞에서 잘난 척 아닌 척 가식 떨기 때문은 아닌지? 혹시 거짓말을 하기 때문은 아닌지?

인류가 존재한 이래, 선과 악, 옳고 그름의 기준은 언제나 바뀌어 왔지만 매력에 대한 기준은 바뀐 적이 없다. 인류는 백만 년 전이나 지금이나 거짓말하는 사람에게 비호감을 느끼고, 거짓말하지 않는 사람에게 호감을 느꼈다. 이는 인류가 존재한 이래 단 한 번도 변치 않은, 단 한 번도 변치 않을 영원불변 매력의 근원이다. 건강이기 때문이다. 거짓말을 하는 것은 떳떳하지 못하다, 두렵다, 건강하지 못하다는 것이고, 거짓말을 하지 않는 것은 떳떳하다, 당당하다, 건강하다는 것이기 때문이다.

거짓말하고 잡아뗀다 vs. 사실을 인정한다
겁 많고 자신감 없다 vs. 대범하고 자연스럽다

잘 운다 vs. 울지도, 부끄러워하지도 않는다
의심 많고 경계가 심하다 vs. 사소한 일은 신경 쓰지 않는다
옹졸하다 vs. 너그럽다

성격이나 삶의 방식 차이가 아니다. 기원전에도, 기원후에도, 지동설 시대에도, 천동설 시대에도, 세상은 언제나 전자를 경멸했고, 후자를 선호하고 가까이했다. 개인의 호불호 문제도 아니고, 지역/사회/시대/인종의 문제도 아닌, 범자연적 생존 문제인 것이다.

다시 매력의 기원으로 돌아간다. 병든 사과와 싱싱한 사과에 대한 기준은 병든 마음과 건강한 마음에 대한 기준과 동일하다. 건강하기 때문에, 건강하다고 느끼기 때문에 함께 있으면 즐겁고 편안하고 호감을 느낀다. 중요한 건 외적 건강은 일시적이지만 마음의 건강은 지속된다는 점이다.

외적 건강은 멈춰 있거나 세월과 함께 퇴색한다. 외적 건강의 매력은 대체로 2년을 넘지 못한다. 2년보다 더 간다 하더라도 영원할 수 없다. 누구나 늙고 병들기 때문이다. 외모가 건강한 사람이 날이 갈수록 더 많아진다는 점도 불리하다. 남자 입장에선 매일 자고 일어나면 더 예쁜 여자가 나온다. 지금 당장 세계 최고 미인을 옆에 끼고 있어도 자고 일어나면 더 예뻐 보이는 여자가 눈에 띈다. 여자 입장에서도 마찬가지

다. 지금 당장 세상에서 제일 잘생긴 남자를 만난 것 같아도 며칠 뒤면 그보다 더 마음에 드는 미남을 보게 되며, 몇 년 뒤에는 그보다 더 어리고 잘생긴 남자들이 눈에 띄기 마련이다.

마음의 건강은 멈추거나 세월과 함께 퇴색되지 않는다. 사람과 환경과 기분에 따라 지속적으로 업데이트된다. 새로운 이야기와 새로운 경험을 들려주며 좋아하는 감정이 날마다 업데이트된다. 그리고 더 오래 기억에 남는다. 타지마할, 스티브 잡스, 에바 페론, 루 살로메 사례처럼 마음의 건강은 퇴색되지 않는다. 심지어 육신이 썩어 사라진 뒤에도.

우리가 이해해야 할 매력은 이것이다. 자고 일어나면 스러질 덧없는 매력 말고, 당신이 앞에서 숨만 쉬어도 꼼짝할 수 없는, 당신이 잠들어 있어도, 심지어 당신이 죽어 있어도, 당신이 생각나 견딜 수가 없는, 당신에 의해 영원히 정신을 지배당할 매력.

매력의

발산

활기

좌: *A Backward Glance, Charles Edward Perugini*
우: *Goldfish (detail), Gustav Klimt*

그림에 대한 개인적 호감을 떠나, 좌측 그림이 '더 재미있다'고 느끼는 사람은 없을 것이다. 좌측 그림이 더 좋은 사람은 있겠지만 우측 그림보다 더 기억에 남는다고 할 사람은 없을 것이다.

매력의 핵심은 '기억에 남는 것'이다. 어떤 종류의 기억이든 일단 기억에 남아야 매력이 시작된다. 왼쪽 그림이 기억에 남지 않는 건 심심하기 때문이다. 왼쪽 그림 화가는 그저 비슷하게 그리려고 애쓰다 석고상처럼 지루하고 활기 없는 그림을 남겼다.

사람이 죽으면 잊히는 이유는 활기가 없기 때문이다. 살아서 움직이지 않으면 기억에 남지 않는다. 뭐든 살아 움직여야 기억에 남는다. 왼쪽 그림이 잊히고 오른쪽 구스타프 클림트Gustav Klimt의 그림이 살아남은 이유다. 매력의 시작이 활기인 이유다.

활기는 클림트 그림의 가장 큰 매력이다. 클림트는 선 하나만 그려도 자연의 에너지를 뿜었다. 심지어 죽음을 소재로 그림을 그려도 생명력이 넘쳤다. 그의 그림은 언제 무엇을 어떻게 그려도 언제나 화폭 가득 만개하는 느낌이었다.

'매력의 사례'에 등장한 사람들을 떠올려 보자. 읽는 내내 다들 참 많이 닮았다고 생각했겠지만, 이들에겐 그 무엇보다 중요한 공통점이 있었다. 이들은 모두 무언가로 가득 차 있었다. 에바 페론은 유명한 배우가 되고 싶었고, 월리스 심프슨과 장녹수는 남자를 지배하려는 욕망이 있었다. 루 살로메와 클레오파트라는 학문에 대한 호기심으로 가득했으며, 웬디 덩과 기지마 가나에는 돈과 성공에 대한 욕구로 가득 차 있었다.

매력으로 성공한 다른 사례를 찾아봐도 마찬가지다. 매력으로 사람을 압도한 이들, 억만장자와 결혼한 신데렐라 스토리 주인공들, 모두 반드시 무언가로 가득 차 있었다. 꿈, 희망, 망상, 아이디어, 대의명분, 예술혼, 성욕, 생기, 에너지 등등. 무엇이 되었건.

남자들은 정숙하고 가정적인 여자와 결혼한다고 말하지만 결국 코가 꿰어 정신 못 차리는 여자는 언제나 활기 충만

한 여자다. 『바람과 함께 사라지다』의 애슐리는 스칼렛 오하라를 버리고 멜라니와 결혼했지만, 현실에서 스칼렛과 멜라니가 함께 있으면 남자는 99%의 확률로 스칼렛을 선택한다. 왜냐하면 스칼렛이 더 매력적이기 때문이다.

결국 또다시 '건강 = 매력'의 공식이 성립된다. 사람은 건강할수록 에너지가 넘친다. 활기 가득할수록 건강해 보인다. 진리는 언제나 '매력 = 건강'이다.

지구 생명의 근원이 물에서 출발한 것처럼 매력의 근원은 활기에서 출발한다. 그게 매력이 되느냐 혐오가 되느냐의 문제일 뿐 모든 인간의 매력은 활기에 시작된다.

당신이 아무리 아름답고 똑똑하고 교양과 기품 넘치는 부자에 드높은 사회적 지위를 갖고 있어도 촌구석 출신 욕망 덩어리 여자와 매력 대결을 하면 한 방에 진다. 삼류 멜로 드라마 시나리오라고 치부하고 싶은 일이지만 장녹수와 웬디 덩의 사례에서 보듯 현실에서 실제로 일어나는 일이다.

'매력의 사례'에 등장했던 인물들이 그런 방탕한 사치벽을 갖고 있었던 이유도 활력의 유전자를 타고났기 때문이다. 태어날 때부터 넘쳐 흘렀던 욕구와 에너지가, 매력이 되고 카리스마가 되고 방탕함이 되었던 것이다.

사람들 대다수는 그렇지 못하다. 대다수는 그런 에너지가 없다. 설사 있었더라도 힘든 세상에 억눌렸거나 시들어 버렸을 것이다. 지금부터 시작하면 된다. 꿈 많았던 어린 시절로 돌아간 것처럼, 다시 활기 넘치는 사람이 되면 된다. 활기에서부터 시작하지 않으면 당신에게 매력은 없다.

운동을 한다

활기를 얻는 가장 간단하고 효과적인, 그리고 단순한 방법은 운동을 하는 것이다. 반대로 활기를 죽이고 매력을 망치는 가장 효과적인 방법은 집에서 아무것도 안 하고 무기력하게 있는 것이다. 운동을 하면 근육이 늘고 심장이 강해진다. 나도 모르는 새 혈색이 좋아지고 자세에 균형이 잡히며, 표정에 평화가 깃든다. 이렇게 되면 사람들이 알아본다. 당신이 건강하다는 사실을. 건강한 몸은 정신의 활기로 이어진다. 당신도 모르는 자신감이 깃든다. 직접 나타나진 않더라도 운동으로 건강해진 몸은 정신적 활기의 기초이자 잠재력이 된다.

취향을 갖는다

신체적 활기가 반드시 정신의 활기로 이어지진 않는다. 외양은 건강해 보이는데 취향이 없는 사람들이 있다. 이런 사람과 대화를 하면 힘들다. 맥이 풀리고 식은 땀이 난다. 사람을 지하로 끌어 내리는 듯한 무기력한 느낌. 사람이 주관이 없으면 그렇게 된다. 하고 싶은 것도, 좋아하는 것도, 주장하고 싶은 것도 없는 것이다. 사람들에게 지루함을 넘어 무력감을 준다. 활기가 없는 정도가 아니라 기죽어서 눈치 보는 것처럼 보인다.

정신의 활기는 대부분 취향과 주관의 문제다. 평소 보고 들은 것이 많을수록, 평소 호기심 넘치는 인생을 살수록, 평소 생각한 것이 많을수록, 좋고 싫은 것이 다양할수록 당신의 정신은 활발해진다. 좋고 싫은 것이 늘어나면 당신의 활기와 매력은 필연적으로 강화된다. 지금 당장 취향과 주관이 없으면, 있는 것처럼 꾸밀 수 있다. 취향과 주관은 마음가짐과 연기력으로 얼마든지 커버할 수 있다. 이는 다음 챕터인 '대담Boldness'에서 설명된다.

하고 싶은 걸 만든다

매력을 가장 극대화시키는 요인은 욕망이다. 매력의 사례에 등장했던 인물들뿐 아니라 세계적인 뮤지션, 배우, 스포츠 스타, 작가, 화가, 사업가, 정치가들은 모두 불타는 욕망을 가진 이들이다. 이들은 욕망을 태워 매력과 재능을 만든다. '그리다draw'의 어원은 '욕망desire'이다. 누군가 자신의 '그리움'을 현실화했다면 그 사람은 '욕망'을 불태운 것이다.

누구나 욕망을 갖고 태어난다. 하지만 세계 정복 같은 초월적 욕망을 타고나는 사람은 드물다. 그런 욕망을 갖고 태어나더라도 이를 품은 채 살아남기란 쉬운 일이 아니며, 살아남더라도 매력이 아닌 혐오의 대상으로 전락하기 십상이다. 누구나 에바 페론, 심프슨 부인, 장녹수가 될 수는 없다. 욕망의 크기에 따라 매력의 크기도 달라지지만 우리는 이를 강제할 수 없으며, 일부러 위험을 자초할 필요도 없다.

그러니 우리는 소규모 욕망을 만들어야 한다. 소규모 욕망으로 매력을 지피고 유지하는 방법을 익혀야 한다. 그러기 위해 가장 효과적인 방법은 좋아하는 것, 하고 싶은 것을 만드는 것이다. 주말마다 넷플릭스를 보고, 수영을 하고, 개와 산책 가는 것은 포함되지 않는다. 그런 시시콜콜한 취미 활동으로는, 물론 없는 것보다는 낫지만, 활기가 두드러지게 개선되지 않는다.

최소한 당신의 인생 절반을 투자한다는 느낌이 있어야 한다. 연예인 이효리의 반려동물 캠페인도 좋은 예다. 이효리는 버려지는 반려동물에 대한 동정심으로 수년 전부터 반려동물 입양 캠페인을 벌이며 자신이 직접 버림받은 동물들을 입양했고, 그리고 매주 동물 보호소를 찾아 봉사 활동을 했다. 남에게 보여 주고 싶어서 그런 게 아니라 진심으로 그리고 싶어서 그랬다. 그는 언론의 관심이 시들한 지금도 반려동물 보호 활동에 적극적이다.

생각이 있고 관심이 있으면 당신의 인생을 투자할 일은 얼마든지 찾아볼 수 있다. 굳이 사회봉사가 아니더라도, 그림을 그리거나, 조각을 하거나, 동화책을 쓰거나, 시를 짓거나, 소설을 쓰거나, 음악을 만들거나, 발명을 하거나, 특허를 내거나, 마라톤 기록에 도전하거나, 300명을 만나기로 하거나, 이도 저도 아니면 회사 일에 혼을 바치거나. 당신이 언젠가 반드시 하고 싶은, 밥을 먹으면서도, 양치질을 하면서도, 지하철을 타서도, 낯선 사람을 만나서도, 침대 누워서도, 문득문득 생각나 잊히지 않는 그런 일이어야 한다.

그런 것이 있다면 당신은 무언가로 가득 찬 사람이다. 인생의 목표는, 그것이 아무리 소규모라 할지라도, 인생의 생기와 활력이 된다. 그리고 그것은, 당신이 전혀 의도하지 않았더라도, 매력의 본질이 된다. 눈빛이 되고 표정이 되고 몸짓이 되고 언어가 된다. 왜 그런지 알 수 없는, 하지만 모두가 느낄 수밖에 없는, 지속적인 매력이 된다.

대담

좌: *Gabrielle at the Gate, Henri Martin*
우: *Kiki de Montparnasse in a red dress, Moise Kisling*

왼쪽 그림이 매력 없는 이유는 화가가 소심했기 때문이다. 왼쪽 그림 화가는 무슨 까닭인지 대상의 얼굴을 똑바로 그리지 못한 채 그림자 속에 파묻어 버렸다. 어정쩡한 구도, 어정쩡한 포즈, 무엇 하나 눈에 들어오지도, 기억에 남지도 않는다. 편하다, 익숙하다, 따뜻하다, 이런 이유로 왼쪽 그림에 더 매력을 느낄 수 있다. 하지만 왼쪽 그림을 그린 화가는 일부 프랑스 고향 사람들만 기억하는 잊힌 사람이다. 그림을 저렇게 그리면 아무도 기억해 주지 않는다. 소심할수록 허약하고, 희미할수록 눈에도 안 띄고 기억에 남지도 않는다. 매력이 없기 때문이다.

이 책에서 미술 작품들을 소개하는 이유는 미술과 매력이 동일한 성질을 공유하기 때문이다. 미술 작품은 매력 있기 때문에 역사에 남고 가격이 오른다. 오른쪽 작품은 매력이 있기 때문에 역사에 남았고 지금도 높은 가격에 팔린다. 오른쪽 그림이 좀 과하다고 느낄 수도 있다. 집에 걸어 두기에는 부담스러운 그림이라고 생각할 수도 있다. 아무리 이 그림이 마음에 들지 않아도 왜 이 그림이 역사에 남아 오늘날 수십억 원의 가격에 거래되는지, 대체 무슨 매력 때문에 그런 것인지 생각해 봐야 한다.

오른쪽 그림이 역사에 남은 이유는 작가가 두려워하지 않았기 때문이다. 그림 속 소녀는 유명한 모델이자 가수였지만 작가는 개의치 않았다. 비슷하게 그리려고 하지도 않았다. 사람들이 그림을 어떻게 생각할지 궁금하지도 않았다. 왜냐하면 작가는 빨간 블라우스를 입은 소녀의 커다란 눈이 좋았기 때문이다. 까만 눈과 빨간 옷이 부리부리하게 과장된 자신의 소녀가 더 아름답다고 생각했기 때문이다.

당신의 말과 행동은 본질적으로 가치를 매길 수 없다. 당신은 낳고 자란 대로 말하고 행동할 뿐이다. 하지만 어느새인가 당신은 다른 사람이 당신의 말과 행동을 평가한다고 생각한다. 그래서 두려워한다. 저 사람은 나를 어떻게 생각할지. 나에게 몇 점이나 줄 것인지. 이런 두려움이 매력을 짓밟는다. 두려움에 움츠러들어 졸작을 만들고 불행한 인생을 살게 된다. 스스로를 믿지 못하고 남에게 의존하는 것이다. 소심하고 허약해지는 것이다. 건강하지 못한 삶을 사는 것이다.

매력의 또 다른 핵심은 남을 버리고 자신을 취하는 데 있다.

'모두의 친구는 아무의 친구도 아니다.', '사업은 모두를 만족시키려다 망한다.' 이런 명언들은 감동적이라며 SNS에 스크랩해 놓고, 정작 실생활에서 당신들은 나와 하나도 맞지 않는 사람들 비위 맞춰 주려 하루 종일 머리 싸매고 괴로워한다. 그래서 매력이 없는 것이다. 그렇게 나약하고 소심하기 때문에 사람들의 관심을 얻지 못하고 쉽게 잊히는 것이다.

남을 버리고 나를 취하면 대담해진다. 대담함은 매력의 근육이다. 매력은 활기에서 시작하지만 대담하지 않으면 움직이질 않는다. 사람들에게 와닿지 않는다. 활기와 에너지는 무형의 자산일 뿐이다. 당신의 매력을 사람들에게 전달하려면 대담해지는 것이 우선이다.

대담성은 매력의 근육이기도 하지만 가면이기도 하다. 대담성은 매력을 만들기도 하지만 거짓으로 지어내기도 한다. 그래서 당신은, 원래 매력이 없었더라도, 대담성을 답습해 매력을 지어낼 수 있다.

눈치 보지 않는다

생후 한 달 된 새끼 고양이는 자의식이 없다. 배고프면 울고, 졸리면 자고, 놀고 싶으면 깨물고, 누가 화를 내면 빤히 바라본다. 세상에 대한 호기심은 있으나 자의식은 없다. 누구의 눈치도 보지 않는다.

어린아이의 가장 큰 매력은 사람들이 날 어떻게 생각하는지 신경 쓰지 않는 것이다. 자의식과 공감 능력이 완전히 발달하지 않은 3살 미만 어린이들은 얼굴에 뭐가 묻어도, 우스꽝스러운 모자를 씌워도 부끄러워하지 않는다. 타인의 시선이나 입장에 감정 이입하지 않는 것이다.

당신들은 자의식과 공감 능력이 과도하게 발달돼 있다. 어딜 가나, 누구 앞에서나, 부끄러워하고 눈치를 본다. 내 생각이 어떠하든, 일단 무조건 상대방 의견에 공감하는 척, 상대의 입장에 맞춰 주는 척한다. 그래서 그렇게 매력이 없고 그래서 그렇게 인생이 힘들다.

대담성을 습득하는 가장 좋은 방법은 어린아이를 답습하는 것이다. 3살짜리 어린아이처럼, 솔직하고, 말 안 듣고, 눈치 보지 않는 모습을 따라 하는 것이다. 어린아이가 사람을 대하듯, 자의식과 공감 능력을 최소화하는 것이 핵심이다. 누가 날 좋아하든 싫어하든 상관하지 않는 것이 핵심이다. 누가 날 좋아한다고 호들갑 떨 필요도 없고, 누가 날 싫어한다고 기분 나쁠 필요도 없다. 왜냐하면 당신은 어린아이고 앞으로 많은 사람들을 만날 것이기 때문이다.

당신은 앞으로, 당신을 좋아하고 아껴 줄 누군가를 만날 것이다. 전 세계 모든 사람이 당신을 싫어하고 욕한다 하더라도 그런 사람 한 명만 있으면 당신은 행복할 수 있다. 그리고 그 한 명은 어딘가 반드시 존재한다.

잘해 주지 않는다

사람들은 상대와 공감을 해야 관계가 진전된다고 생각하지만 이는 무지에 의한 착각이다. 여자는 어떨지 몰라도 남자는 공감 잘하는 여자에게 매력을 느끼지 않는다. 남자는 매력적인 여자에게 매력을 느낀다. 더 무지한 착각은 남자가 자기에게 잘해 주는 여자와 결혼한다는 착각이다. 남자는 자기편 들어주는 여자한테도 관심이 없고 자기에게 잘해 주는 여자한테도 관심이 없다. 남자는 매력 있는 여자한테 관심 있다. 쓸데없이 공감해 주고, 쓸데없이 편들어 주고, 쓸데없이 잘해 주는 여자는 매력이 없다. 남자로부터 관심을 잃는다. 왜? 건강해 보이지 않으니까.

매력의 중요한 공식 중 하나다: 남자에게 잘해 주면 매력을 잃는다는 것. 남자에게 잘해 줄수록 여자는 약자의 지위를 갖는다. 약하고 만만하고 매력 없는 사람이 된다. 실제로 어떤 사람인지는 중요하지 않다. 중요한 건 그렇게 보인다는 것이다. 남자든 여자든 남에게 맹목적으로 잘해 주는 사람일수록 어딘가 모자라 보인다. 결핍된 것처럼 보인다. 관계에 기대고 싶은 것처럼 보이는 것이다.

정 남자에게 잘해 주고 싶으면 결혼 뒤에 잘해 주면 된다. 결혼 전에 남자에게 잘해 주면 남자는 당신을 당연하고 만만하게 본다. 그리고 결정적으로 당신에게 매력을 잃는다. 당신이 상대에게 잘해 주면 그때부터 눈치 보기가 시작된다. 내가 이만큼 해 주었으니 저 사람도 이만큼 해 주겠지. 이 심리가 발동되면 당신은 상대에게 의존하는 병든 마음이 된다. 당신이 상대에게 잘해 주지 않으면 마찬가지로 상대가 내게 잘해 줄 걸 기대하지도 말아야 한다. 상대가 잘해 준다고 넙죽넙죽 받아먹는 뻔뻔함은 문제되지 않는다. 상대가 먼저 잘해 주길 바라는 나약한 마음이 문제다.

대범하게 화를 참고, 대범하게 화를 낸다

대담은 양면성을 가져야 한다. 너그럽다가도 냉혹해야 한다. 언제나 한결같은 여자는 누군가의 망부석이 될 순 있으나 마초들에게 만만한 여자로 살다 죽는다. 평소에는 한없이 온

화한 척을 해도 이거 아니다 싶으면 상대의 음낭이 오그라들 정도로 냉혹해져야 한다. 그래야 누구도 함부로 못한다. 그래야 매력녀로 살다 행복하게 죽는다.

'예쁜데 매력 없는 이유'에서 설명한 바와 같이, 사람은 마음이 불행하고 허약할수록 별것 아닌 것에 트집 잡고 화를 낸다. 남자들은 이런 여자에게 거부감 느끼고 도망을 간다. 별것 아닌 일은 무시하고 넘어가야 건강해 보인다. 한두 번 약속을 어기거나 사소한 시비가 붙거나 좀 마음에 들지 않아도 뭐 그럴 수도 있지 아무렇지 않은 척해야 한다.

하지만 하지 말아야 할 짓이 반복되거나 상식적으로 객관적으로 선을 넘었다 싶으면 자비를 베풀면 안 된다. 하지 말라고 점잖게 얘기를 해도 여전히 같은 행동이 반복되면 다 집어치우고 뒤돌아서 집에 와 버리거나 화를 내야 한다.

문제는 화를 내기 쉽지 않은 여자들이 많다는 점이다. 특히 한국 여자들은 좀처럼 화를 내지 못한다. 화를 내면 내가 손해 볼 것 같고 누군가에 의해 해코지를 당할 것 같고 사회에서 매장당할 것 같다는 생각을 한다. 그 반대다. 화를 내지 못하는 여자가 손해를 보고 누군가의 해코지를 당하고 사회적으로 매장당한다. 권리를 방어하지 못하기 때문이다. 화를 내야 하는 이유는 자신의 기본권을 지키기 위함이다. 화를 내지 못하면 기본권을 지킬 능력이 없는 것과 다르지 않다.

화도 웃음과 같은 효과를 부른다. 잘 웃으면 활기 있어 보이는 것처럼, 화도 잘 내면 활기 있어 보인다. 화를 참기만 하면 여자의 매력은 마이너스가 된다. 여자가 나약하고 쉬워 보인다. 시체도, 인형도, 마네킹도 화를 내지 않는다. 그래서 활기도 매력도 없다. 화를 내야 할 상황에선 버럭버럭 화를 내야 매력이 증진된다. 처음에는 거부감 들지 몰라도 뒤돌아서면 생각이 난다. 왜냐하면 건강해 보이기 때문이다. 화를 화끈하게 내는 여자일수록 주관 있고 활기 넘쳐 보이기 때문이다.

화는 대담성의 중요한 부분이다. 대담한 사람일수록 화를 잘 내고, 또 화를 잘 참는다. 화를 내려면 우선 대담해야 한다. 눈치 보지 않는 대범한 마음이 되어야 화가 매력이 된다. 화가 아닌 짜증을 내거나, 아무것도 아닌 일에 자꾸 화를 내거나, 한 번만 얘기하고 지나가도 충분한 일로 계속 반복해 화내거나, 붙잡아 두고 야단치듯 화를 내면 역효과를 부른다. 매력 없어 보일 뿐 아니라, 정신 상태가 정상이 아니라는 인상을 받는다.

폭탄을 터트리듯 단번에 몰아서 화내야 한다. 딱 한 번 과격하게 뒤집어 버리고 끝을 내야 한다. 통제 불능의 상태에서 '지랄'을 하는 것이 아니라 시원하게, 화끈하게, 후회 없이 크게 한 번 지른다는 생각으로 화를 내야 한다.

미안해하지 않는다

당신은 쿨하고 뻔뻔한 사람이 되어야 한다. 누가 잘해 주면 딱 한 번 '고마워' 하고 끝이다. 뭔가 잘못하면 딱 한 번 '죄송합니다' 인정하고 끝이다. 화를 너무 낸 것 같아도 '그놈은 그때 당해도 쌌다'고 생각하고 끝이다. 지나간 일에 자꾸 고민하고 미안해하면 당신은 어딘가 병든 것이다. 원래 천성이 그렇게 병들어 나약하다면 집에서 혼자 후회하고 미안해하면 된다. 밖에선 싹 다 잊어버리고 절대 미안해하지 않아야 한다.

상대가 정 뭐라고 하면 미안한 척만 하면 된다. 진심으로 미안할 필요 전혀 없다. 진심으로 미안하면 당신은 싸움에서 진 것이다. 그저 예의상 미안한 것이지 당신은 진심으로 미안할 일이 전혀 없다. 그렇게 뻔뻔해야 당신이 산다. 그래야만 당신이 매력적인 여자가 된다.

당신이 매력을 얻고 싶으면 인정, 명분, 도리 같은 사회적 관습과 인간관계 의무 사항부터 내쳐야 한다. 당신들은 어릴 때 인정과 명분과 도리를 지키고 살아야 사회에서 성공하고 좋은 배우자 만나서 행복하게 살 것이라 배웠다. 하지만 사실은 그 반대다. 이런 의무 사항에 목매고 살아온 사람일수록 힘들고 괴로운 제자리 인생을 산다. 당신들이 집과 학교에서 배운 것은 사회의 인습이다. 말 잘 듣고 말썽 안 부리는 사회 구성원을 키우기 위한 통상적인 세뇌 작업일 뿐이다. 그래서 인정과 도리를 충실히 지킨 사람들은 규격에 맞는 사회의 부속품이 된다. 굶어 죽진 않겠지만 가난해진다. 혐오스럽지는 않겠지만 매력이 없어진다.

대범함은 사회 규격화에 대한 저항이다. '너희들이 정해놓은 대로 살지 않겠다'는 결심이다. '남을 버리고 나를 취하겠다'는 선언이다. 당신이 사회생활을 하는데 인간관계 의무사항이 필요한 것 같으면 그렇게 하면 된다. 하지만 사적 관계, 연애 관계에서는 그러지 말아야 한다. 당신에게 이로울 것이 눈곱만큼도 없기 때문이다. 당신이 사람 사귀는 데에 인간관계 의무 사항을 적용하는 순간 당신은 매력을 잃는다. 나약하고 매력 없는 인간이 되어 누군가를 위한 순종적인 인생을 산다.

지난 일은 신경 쓰지 않는다

이미 지난 일은 구질구질하게 변명하지 않는다. 굳이 과거에 있었던 일을 사람들에게 설명할 필요 없다. 그냥 과거에 그런 일이 있었을 뿐이다. 마음이 건강할수록, 현재가 행복할수록, 지난 일을 쉽게 잊는다. 아무리 억울하고 창피해도 대담하게 신경 끊고 현재에 충실할 수 있다. 내 지난 일에 너그러울수록 다른 사람의 지난 일에도 너그러워지는 법이다. 내가 했던 잘못, 실수, 바보짓을 내가 용서하듯이, 상대가 내게 했던 잘못, 실수, 바보짓도 담아 두거나 되새기지 않는다. 대담함은 현실에 충실함을 의미한다. 현실에 충실할수록 결과가 더 좋은 법이다. 자연히 생활 수준이 향상되고 인생이 행복해진다. 모두에게 여유롭고 너그러워진다. 매력이 증진되는 것은 필연적이다.

단호해진다

남자가 단호하지 못하고 우물쭈물 우유부단하면 여자는 불안하다. '남자가 약하다', '이런 남자와 결혼하면 생존율이 반으로 떨어질 것 같다'고 생각한다. 여자도 마찬가지다. '모르겠는데요'를 남발하고, 쓸데없이 양보하고, 이유 없이 갈팡질팡 하는 여자를 보면 결혼해서 고생하겠다는 생각이 든다. 어떤 이유이든 여자가 물러터진 모습을 보이면 남자는 본능적으로 '여자가 약하다(매력이 없다)', '만만하다(내 마음대로 부릴 수 있다)'고 여긴다.

겸손과 겸양은 오랜 세월 동양 여자들의 미덕이었다. 겸손해야 좋은 신붓감이 된다고 가르쳤다. 남자들은 지난 수만 년 동안 겸손과 겸양의 미덕을 갖춘 여자가 제일이라고 주장하면서, 실제로는 그렇지 않은 여자와 결혼하거나 바람이 났다. 남자들은 언제나 그랬다. 겸손과 겸양은 필연적으로 사람의 활기를 죽인다. 사람의 대담성과 매력을 짓밟아 규격화된 인생을 살게 만든다. 조신하고 기품 있는 여자가 될지는 모르지만, 결국에는 매력 없는 여자가 된다.

당신이 지금껏 유약하고 우유부단한 인생을 살아왔다면 이제부터 자세를 바꿔야 한다. 매력 없는 것은 둘째 치고, 남자에게 이용당하거나, 운이 좋아도 재미없고 불행한 인생을 살 것이기 때문이다. 남녀 사이 비극은 대부분 여자가 맺고 끊지 못해 발생한다. 아닌 것 같으면 그 자리에서 '죄송합니다' 하고 집에 와야 한다. 부탁을 들어주기 싫으면 그 자리에서 '싫은데요(미안합니다)' 하고 잘라 버려야 한다. 겸손과 겸양으로 세뇌된 여자는 어영부영 어정쩡한 태도 때문에 이용당하거나 버림받는다. 아닌 건 아닌 거고, 싫은 건 싫은 거다. 입장을 단호히 해야 강해 보인다. 강하게 '보일 뿐'만 아니라 생존율도 높아진다. 삶도 더 행복해진다. 매력은 행복한 삶의 방식과 밀접하다. 매력이 있어 삶이 행복해지는 것이 아니라, 행복하기에, 내게 유리한 삶을 살기에 매력적이 되는 것이다.

자연스러움은 매력의 얼굴이다.

생각을 하지 않을수록
능숙하고 자연스러워진다.

자연

좌: *Portrait of a Young Woman, Pierre Auguste Cot*
우: *Portrait of Madame Trabuc, Vincent van Gogh*

위 두 개의 초상화가 다른 느낌을 주는 까닭은 왼쪽은 예쁘게 보이기 위해 그렸고 오른쪽은 그리고 싶어서 그렸기 때문이다. 예쁘게 보이기 위해 그린 그림은 부자연스럽다. 작가의 몸과 마음이 자유롭지 못하기 때문이다. 그리고 싶어서 그린 그림은 자연스럽다. 작가의 몸과 마음이 자유롭기 때문이다. 왼쪽이 플라스틱 공산품 같다면 오른쪽은 시골에서 바람과 햇빛을 품고 자란 나무 같다.

미술 작품의 가치를 따지는 가장 오래된 기준은 자연스러움이다. '예술은 자연의 모방'이라는 말은 작가들에게 삶과 죽음을 결정한다. 자연에 가까운 작품일수록 오래 살아남아 성공하고, 자연과 동떨어진 작품일수록 거부감을 사거나 금방 잊힌다. 산, 바다, 강, 계곡, 숲, 나무, 기암괴석, 노을, 구름, 새, 물고기…… 사람들은 자연에서 아름다움을 느낀다. 인간은 누구나 자연에 가까운 것에 아름다움을 느끼고 매력을 얻는다. 인간이 만든 작품에서 자연의 아름다움을 느낄 수 있다면 그 작가는 역사에 남는다. 빈센트 반 고흐Vincent van Gogh처럼.

자연스러움은 매력의 얼굴이다. 아무리 활기 넘치고 대범해도 자연스럽지 못하면 매력이 급감한다. 아무리 몸매 좋고 성격 좋아도 얼굴이 못생기면 매력이 감퇴하는 것과 같다. 자연스러움은 매력의 핵심이면서 또 가장 많이 무시되는 요소이기도 하다. 성형 수술을 하면 가장 먼저 보는 것이 '자연스럽게 됐는지' 여부다. 하지만 우리 대부분은 우리의 말과 행동에 대해서는 자연스러움을 따지지 않는다. TV 드라마를 보면서 배우들의 연기가 얼마나 자연스러운지 신경 곤두세우고 따지지만, 정작 우리의 말과 행동이 얼마나 자연스러운지는 되돌아 보지 않는다.

베테랑 배우들의 특징은 우리에게 '연기'를 한다는 인상을 주지 않는다는 점이다. 애당초 이들은 본인이 연기한다고 생각하지 않는다. 이들은 수많은 카메라와 조명과 스태프 앞에서도 연기한다는 생각을 하지 않는다. '연기하지 않는다'. 이는 자연스러움을 얻기 위한 가장 중요한 철칙이다. 배우들 이야기가 아니다. 일상을 사는 우리들의 이야기다. 대부분의 여자들이 연기를 한다. 배우가 되기 위한 연기가 아닌, 일상을 사는 데 전혀 불필요한 연기를 하는 것이다. 싫은데 좋은 척, 맛없는데 맛있는 척, 미안하지 않은데 죄송한 척, 몰라도 아는 척, 척척척. 특히 남자 앞에서 그렇다. 뭐든 아닌 척을 한다. 혹은 아니면서 그런 척을 한다. 어디서 뭘 하든 부자연스러운 이유다. 눈을 깜박이고 숨을 쉬는 것조차 어색하다. 보는 사람이 불편하고 괴로워서 빨리 헤어지고 싶다.

당신이 뭘 하든, 웃음을 짓든, 애교를 떨든, 친절을 베풀든, 사과를 하든, 안 그런 척 거짓말을 하든, 자연스러움에 기반하지 않으면 상대에게 거부감을 준다. 부정적 인상을 남긴다. 어딘가 병들었다고 느끼기 때문이다. 인간의 부자연스러움 속에는 숨기고 싶음, 떳떳하지 못함, 미안함, 열등감, 그리고 두려움이 배어 나온다. 이걸 알면서도 좀처럼 부자연스러움에서 벗어날 수가 없다. 왜냐하면 어릴 때부터 그렇게 살아왔기 때문이다. 어릴 때부터 부모 눈치 보고 학교 눈치 보고 심지어 버스 지하철 승객들 눈치까지 보며 살아온 결과 부자연의 유전자가 몸 속 깊이 틀어박힌 것이다.

당신들이 골수 깊이 박힌 부자연의 유전자를 타파해야 한다. 태초의 자연이 부여했던 자연의 매력을 획득해야 한다. 그러기 위해서는 다음의 조치가 필요하다.

자아 죽이기

자연스러운 사람이 되려면 먼저 자아를 죽여야 한다. 자아 의식이 강할수록 당신은 사람들에게 쉽게 거부감을 산다. 남에게 매력적으로 보이기 위해 자신을 과장하는 경우가 있다. '저는 다른 사람 생각은 신경 쓰지 않아요', '눈치 보지 않아요', '스스로 만족해요' 이런 식의 발언은 상대에게 불편함을 준다. 당신이 정말 대담한 사람이라서 다른 사람 눈치를 보지 않는다면 그런 말은 입 밖에 나오질 않는다. 자꾸 자신을 내세울수록 어딘가 약하다는 증거다. 어딘가 자신 없고 불안하니 겉으로 아닌 척을 하는 것이다. 그래서 행동이 과장되고 부자연스러워지는 것이다. 잘난 척을 과하게 하는 사람이 불쾌감을 주는 것은 이 때문이다.

'자신을 사랑하라', '자신감을 가지라'는 말은 참으로 무책임한 말이다. 이런 식의 억지 자의식을 강요하면 좋다던 남자도 떨어져 나간다. 천상천하 유아독존 내가 제일 잘났다고 아무리 대담하게 소리쳐 봐야 세상으로부터 돌아오는 것은 멸시와 혐오뿐이다.

여자일수록 자의식 과잉에 주의해야 한다. 내가 남에게 어떻게 비칠지 끊임없이 생각하는 것 자체가 자의식 과잉이다. '나는 이만큼 잘났으니 이 정도 대접은 받아야 한다'는 생각이 자의식 과잉이다. 끊임없이 스스로를 사진 찍어 올리며 사람들의 공감과 부러움을 구걸하는 것도 자의식 과잉이다.

겸손하라는 것도 아니고 자기 멸시를 하라는 것도 아니다. 적당히 하라는 것이다. 자기애, 자기 도취, 자기 멸시, 특권 의식, 보상 심리, 남과의 비교, 아집으로부터 잠시 해방되는 것이다, 최소한 남자에게 매력적으로 보여야 할 동안에는 나에 대한 관심과 남에 대한 눈치에 무심해져야 한다. 그래야 비로소 말과 행동이 자연스러워질 수 있다.

생각 비우기

자연스러운 말과 행동을 위한 최선의 방법은 생각을 하지 않는 것이다. 기본적으로, 생각을 하지 않을수록 당신의 말과 행동은 능숙하고 자연스러워진다.

우리는 스포츠 선수들이 껌을 씹는 이유를 생각해 본다. 왜 수영 선수들이 경기 전에 헤드폰으로 음악을 듣는지 이유를 되짚어 본다. 생각을 비우기 위함이다. 생각을 비워야 몸이 자연스러워지고, 생각을 비워야 더 빠르고 강하고 정확해지기 때문이다. 생각을 비우는 가장 효과적인 방법은 '다른 일을 하는 것'이다. 야구 선수가 껌을 씹듯이, 수영 선수가 음악을 듣듯, 몸이 생각에서 벗어나 자연스러워지려면 뭔가 다른 행동을 하는 것이 효과적이다. 땅콩을 까먹거나, 볼펜을 돌리거나, 콧노래를 흥얼거리거나, 낙서를 하거나.

낙서를 예로 들어 보자. 낙서doodling의 효과는 심리학계에 잘 알려져 있다. 일을 하든, 아이디어를 짜내든, 회의를 하든, 필기구를 들고 종이 위에 아무 생각 없이 무의미한 낙서를 하면 뇌는 걱정과 강박과 잡념으로부터 자유로워진다. 뇌가 자유를 얻으면 생산성이 증대되고 매력이 높아진다. 평소 혼자 집에 있을 때마다, 직장에서 일하기 싫을 때마다 종이 위에 낙서를 하며 뇌를 해방시키는 훈련을 한다. 이에 익숙해지면, 낯선 남자 앞에서도, 긴장되는 환경에서도, 머리 속에서 낙서를 할 수 있다. 머릿속 낙서가 익숙해지면 언제든 쉽게 자의식과 강박, 잡념에서 벗어날 수 있다. 머릿속이 평온해지는 동시에 말과 행동이 자연스러워진다.

낙서는 하나의 예시일 뿐이다. 명상, 요가 자세, 호흡 조절, 손가락 운동, 다리 떨기, 멍 때리기 등 생각을 비우고 자의식을 죽이는 방법은 수백만 가지다. 어떤 방법이든 내게 제일 잘 맞는 걸 찾는 게 중요하다. 이를 평소에도, 위급 상황에도, 건곤일척 필생의 순간에도 활용하는 것이 중요하다. 언제든, 가장 필요할 때, 금방 쉽게 생각을 비우고 자의식을 죽일 수 있도록 자가 훈련을 하는 것이다.

만물 평등

대담성도 그렇지만 자연스러움 역시 마음가짐이다. 활기는 평소 생각과 행동의 결과이지만, 자연스러움은 그때 그때 스쳐 지나는 마음가짐이다. 활기가 내공이라면 자연은 퍼포먼스다. 이 퍼포먼스가 좀처럼 안 되는 사람들이 있다. 무대 체질도 아니고 낯가림도 심해서 뭘 해도 부자연스러운 사람이 있다. 마음가짐은 부담스럽고 퍼포먼스는 어색하다면, 나 자신을 다른 존재로 치환하는 것이 효과적이다.

나는 지금의 내가 아니라고 생각한다. 고양이, 사슴, 곰, 들꽃, 나무, 잡초, 돌멩이 같은 자연물이라고 생각한다. 아무도 자연물을 평가하지 않는다. 자연은 그저 자연일 뿐이다. 나도 너도 무수히 많고 다양한 자연의 일부일 뿐, 어떤 평가와 편견도 무의미하다고 생각한다.

당신이 느껴야 할 것은 혐오감이나 측은함이 아니라 동네 뒷산 기암괴석에 느끼는 생소함이다. 당신이 느껴야 할 것은 두근두근 가슴 설렘이 아니라 산책 나온 골든 리트리버를 보고 느끼는 호기심과 친근감이다.

'자연 속 만물 평등'. 이 철학은 자연의 매력을 얻는 가장 효과적인 방법이다. 아무리 예쁘고 잘생긴 개를 봤어도 당신은 그 개에게 위화감을 느끼지 않는다. 왜냐하면 당신은 개를 순수한 자연으로 바라보기 때문이다. 그래서 당신은 개와 눈을 마주하고 머리를 쓰다듬고 친한 척을 하는 데 거리낌이 없다.

자연 속 만물 평등 철학을 실천하려면 훈련이 필요하다. 평소 사람을 자연물로 보는 훈련을 한다. 나 지금 나무가 됐다 풀이 됐다 생각하고 자연의 눈으로 그들을 관찰한다. 그들에게 개인 감정을 느끼는 것이 아니라 자연물에 대한 경이를 느낀다. 그들도 나와 마찬가지로, 길거리의 개와 마찬가지로, 산속에 떼 지어 사는 사슴과 마찬가지로, 자연의 일부이기 때문이다. '무위자연無爲自然'의 매력은 여기서 시작한다.

단순함은 인간의 깊이다.
인간이 얼마나 많은 생각을 했는지,
얼마나 능숙하게 훈련되었는지,

이에 따라 행동과 행동의 결과는
더 단순하고 간결해진다.

절제

'흐드러지게 예쁘다'는 표현은 왼쪽 그림에 어울린다. 대다수는 왼쪽 그림이 더 매력적이라고 생각할 것이다. 둘 중 어쨌든 더 활기 넘치는 그림은 왼쪽이니까. 하지만 왼쪽 그림은 동네 이발소 달력에 들어갈 만한 흔한 그림이다. 이 작품은 '평범한 그림'의 특징을 고루 갖고 있는데, 그중 제일 안 좋은 건 노골적이라는 점이다.

활기와 대담이 매력을 잃는 까닭은 절제하지 못하기 때문이다. 뭐든 과하면 거부감이 생기기 마련인데 활기와 대담은 그러기 쉽다. 왼쪽 그림의 작가는 아무것도 절제하지 않았다. 뭔가 그리고 싶은 것은 많았으나 그걸 그리 진지하게 생각하지 않았다. 그 결과 이렇게 노골적인 그림이 돼 버렸다.

그림을 처음 보는 사람들이 왼쪽 그림에 매력을 느끼는 건 어린이들이 설탕 많은 음식에 끌리는 것과 같다. 처음에는 모두가 단맛에 끌린다. 하지만 쉽게 질린다. 단맛의 매력은 좀처럼 오래가지 못한다. 노골적이기 때문이다. 건강에 좋지 않기 때문이다.

오른쪽 그림은 미술에 무지한 사람들이 보기에는 단조롭다. '대담'에 나왔던 무기력한 그림과 뭐가 다르냐고 할 수도 있다. 사실은 그 정반대다. 오른쪽 그림은 지독할 정도로 대담한 그림이다. 화가 베르나르 카틀랭Bernard Cathelin은 너무 대담해서 이런 그림을 그렸다. 그는 대상을 볼 때마다, 붓을 잡을 때마다 너무 많은 생각과 감정과 에너지가 한꺼번에 쏟아지는 사람이었다. 그는 그 많은 생각과 감정을 곱씹었다. 씹고 씹고 또 씹어 눈앞의 대상이 내 몸의 일부가 될 때까지. 그래서 그림이 저렇게 되었다. 아무것도 두렵지 않은 그림. 세상에 나 말고는 아무도 건드리지 못할 것 같은 그림.

사람은 생각이 많을수록 절제한다. 생각이 많고 아는 것이 많아지면 별로 말하고 싶지 않게 된다. 사람들을 설득하거나 사람들에게 동의를 구하고 싶지 않게 된다. 그래서 아예 말을 하지 않거나 필요한 말만 한다. 반대로 생각이 없고 아는 것이 없을수록 말하고 싶어진다. 동의를 구하고 설득하고 싶어진다. 왜냐하면 얕은 생각은 불안하기 때문이다.

모든 예술은 단순함Simplicity에서 아름다움을 찾는다. 명문 名文에는 불필요한 글자가 없다. 좋은 그림에는 필요한 붓질만 보인다. 장인의 요리에는 쓸데없는 맛이 들어가지 않으며, 스포츠 스타의 움직임에는 불필요한 동작이 없다. 모든 것이 그렇다. 달리기를 해도, 악기를 연주해도, 연애를 해도, 하다 못해 곡괭이질이나 삽질을 해도, 경지에 다다르면 모든 것이 단순해진다. 단순함은 인간의 깊이다. 인간이 얼마나 많은 생각을 했는지, 얼마나 능숙하게 훈련되었는지, 이에 따라 행동과 행동의 결과는 더 단순하고 간결해진다.

절제는 매력의 필수 조건은 아니다. '매력의 사례'에서 보듯, 매력으로 세상을 정복한 이들 상당수는 평생 무절제한 인생을 살았다. 어쨌거나 인간은 정숙함보다 생기발랄함에 더 끌리기 마련이다. 하지만 절제는 매력의 완성이다. 절제력이 없었던 웬디 덩은 망신을 당했고, 기자마 가나에는 사형 선고를 받았다. 절제 없는 매력은 사회적 제재나 개인적 보복을 당할 수 있다. 이들이 최소한의 자제력만 있었더라도 죽을 때까지 더 많은 것을 누릴 수 있었다.

우리처럼 평범한 이들에게 절제는 매력의 현실적 방법론이다. 20세기 초반까지 유행했던 '차밍 스쿨'은 여자들에게 '절제'를 가르치는 곳이었다. 정숙, 기품, 교양, 세련미를 가르

처 평범한 여자들을 좋은 신붓감으로 보이게 만들었다. 여성들의 사회 진출과 맞물려 차밍 스쿨 산업은 도태됐지만 여기서 가르쳤던 것들 중에는 현실적 매력의 기술들이 많았다.

당신에게 활기와 대담성이 부족하다면 절제는 효과적인 대안이다. 체질적으로 안 되는 걸 붙들고 있느니 차밍 스쿨에서 가르쳤던 대로 정숙과 기품을 키우는 것이 나을 수 있다. 왜냐하면 그게 더 자연스럽기 때문이다. 당신에게 활기와 욕구가 가득하더라도 이를 능숙하게 표현하지 못한다면 절제하는 버릇을 들여야 한다. 이성에게 매력을 잃는 흔한 이유 중 하나는 경솔한 말과 행동이라는 사실을 기억해야 한다.

감정 억제

일란성 쌍둥이가 동일한 DNA를 갖고 있다고 해도 태어날 때 전부 다 똑같이 태어나지는 않는다. 둘 중 하나는 더 왜소한, 영양 결핍 상태로 태어나기도 한다. 결핍 상태로 태어난 아이는, 다른 정상적인 아이에 비해, 훨씬 잘 울고 신경질적이고 짜증스러운 아이로 자란다. (이후 충분한 영양 공급을 받으면 원만한 성격으로 바뀐다.) 우리도 마찬가지다. 어딘가 몸이 아프고 불편할수록 아무것도 아닌 일에 쉽게 짜증이 난다. 모든 동물이 다 그렇다. 몸 어딘가 약해지면 쓸데없이 예민해지고 공격적으로 변한다.

노골적 감정 노출이 불쾌감을 주는 것은 생물학적 본능에 근거한다. 감정을 여과 없이 드러내면 모두가 거부감을 느낀다. 건강하지 못하기 때문이다. 감정을 노골적으로 터뜨리면 상대의 공감을 얻을 수 있다는 생각이 사람을 병들게 한다. 감정적 공감을 구걸하는 순간 남자는 멀리 달아나 버린다. 감정을 억제하지 못할수록 모두의 미움을 받는 약자의 인생을 살게 된다.

어떤 감정이든 일단 멈추고 걸러내야 한다. 특히 만난 지 오래되지 않은 사이라면 더욱 그렇다. 흥분하기 전에 멈춘다. 그리고 생각한다. 경솔한 언행이 아닐지. 당혹스러운 반응을 보이기 전에 참는다. 그리고 생각한다. 유약한 반응이 아닐지. 감정을 바로 드러내지 않고, 잠시 몇 초만 숨 고르기를 해도 사람이 달라 보인다. 가볍고 경솔한 사람이 아닌, 강하고 묵직한 사람이 된다.

절제는 강하게 보이기 위한 방법이다. 활기 없이도 건강해 보이는 법이다. 감정을 억제하는, 침착하고 안정적인, 이런 성품은 필연적으로 상대에게 건강하다는 인상을 준다. 활기가 없기에 매력이 부족하다 느낄 수는 있다. 하지만 최소한 '좋은 배우자감'이라는 확신을 줄 수 있다.

심사숙고

앞서 설명한 바와 같이, 생각이 깊을수록 말이 적어지고 감정 노출이 줄어든다. 내 의견을 내세우기 전에 상대의 말을 경청한다. 의견을 절제하고 깊이 생각하는 모습은 상대에게 '오래 함께하기에 적합하다'는 인상을 준다. 평소 심사숙고하는 버릇을 들인다. 세상 모든 것에는 이유가 있다고 생각한다. 자연만물의 변화에 이유가 있듯, 사람이 말하고 행동하는 데도 이유가 있다고 생각한다. 아무리 정신 나간 미친 사람이라도 그가 하는 말과 행동에는 반드시 원인이 있기 마련이다. 아무도 알려고 하지 않을 뿐.

저 사람이 왜 저러는지, 아무리 화나고 짜증나도, 가만히 생각해 본다. 왜 그랬을까, 그래서 그랬구나, 이해하는 과정에 재미를 붙인다. 이것이 습관화되면 당신은 의연해진다. 공감을 구걸하지 않고 상대 의견을 듣게 된다. 내가 제일 잘 안다는 듯 떠벌리기 전에 상대가 무슨 말과 행동을 하는지 경청하게 된다. 모든 행동은 관찰에서 시작되어 이해로 끝난다. 상대의 눈치를 보는 것이 아니라 상대에게 너그러워지는 것이다. 절제는 대범함의 궁극적인 최종 단계다.

비우기

절제는 '비우기'로 완성된다. 대범하려면 인간관계에서의 일반적인 의무 사항을 저버려야 하는 것처럼, 절제도 쓸데없는 감정과 기억의 속박에서 벗어나야 한다. 기억과 감정 버리기는 건강한 인간관계를 위한 기본 자세다. 상대에 대한 기억과 편견과 사적인 감정을 잊는 것이다. 상대에 대해 어떤 말을 들었건, 어떤 경험을 했건, 그동안 무슨 일이 있었건, 지금 당장 눈앞의 현실에 집중한다. 좋은 기억, 나쁜 기억, 좋아하는 감정, 싫어하는 감정, 이해할 수 없는 일들, 섭섭했던 일들, 설레는 마음, 짜증 나는 마음, 기대하는 마음, 모두 다 냉정하게 비워 버린다. 갓 태어난 아이처럼, 모든 걸 처음부터 다시 시작한다고 생각한다.

대담한 행동은 어려울 수 있지만 쓸데없는 감정은 절제할 수 있다. 나를 경솔하게 만드는 생각들을 깨끗이 지워 버리고, 나를 나약하게 만드는 말과 행동과 표정은 억제한다. 생기발랄한 매력은 아니더라도 여전히 건강하다는 인상은 줄 수 있다. 나를 내세우지 않고, 대신 상대를 이해하는 것이다. 불 같은 인상을 남기지 않고, 대신 한결같이 건강하다는 기억을 심는 것이다.

생각과 감정은 마음대로 하기 어렵다. 하지 말라고 하면 더 하게 되고, 비우라고 하면 더 채우는 것이 인간의 마음이다. 절제하지 못하고 날뛰는 생각과 감정을 잠재우는 최선의 방법은 관심을 다른 곳에 돌리는 것이다. '자연'에서 설명한 '생각 비우기'를 다시 본다. 낙서 같은 행위로 관심을 돌릴 수도 있지만 눈앞의 대상에 집중할 수도 있다. 상대의 눈동자 모양, 옷차림, 피부 상태, 혹은 테이블의 재질, 벽지의 무늬 등. 눈앞의 현재에 집중할수록 쓸데없는 생각과 감정은 사라진다.

매력의 모든 방법론은 서로 밀접하게 이어진다. 서로 다른 챕터의 서로 다른 방법론이라도 결국은 매력이라는 하나의 성질로 합쳐진다. 이 방법이 이해되지 않으면 다른 방법으로 해 보면 될 일이다. 활기가 되지 않으면 절제를 시도하는 것처럼, 절제가 어려우면 활기 혹은 자연으로 돌아가는 것도 좋은 방법이다.

당신이 어떤 사람인가보다,
당신이 어떤 에너지를 내뿜는가가 더 중요하다.
밝고 긍정적인 에너지를 가진 사람에게
사람들은 끌린다.

매력은 결국 분위기 싸움이다.

여백과 파격

좌: *Roederer Champagne, Louis-Théophile Hingre*
우: *Three Ballet Dancers, Edgar Degas*

좌측 그림은 소시민의 삶을 연상시킨다. 성실하고 꼼꼼하고 모범적인, 정해진 길에서 벗어나지 않는, 재미도 없고 특징도 없는 인생. 19세기 아르누보 시대의 작품으로 상업적인 성공을 거두었다. 하지만 지금은 미술 시장에서 찾지 않는다. 왜냐하면 누구나 그릴 수 있는 그림이기 때문이다. 기계가 그릴 수 있는 그림에는 가격표가 붙지 않는다. 역사에 남아 가치를 인정받는 건 우측 그림이다. 이 그림은 규격을 따르지 않았다. 남들과 똑같이 그리지 않았다. 왜냐하면 재미없기 때문이다. 좌측 그림과 우측 그림은 모두 같은 시대 그림이고, 모두 본인들이 그리고 싶어서 그렸다. 하지만 근본적 차이가 있다. 지루함. 왼쪽 그림은 지루함을 참으며 그렸고, 오른쪽 그림은 지루함을 참지 않았다.

좌측 그림을 그린 화가는 몇 날 며칠 하루 종일 혼자 앉아 뜨개질하듯 차분하고 꼼꼼하게 그림을 그렸다. 하지만 우측 그림을 그린 화가는 도저히 그럴 수 없었다. 그렇게 그리면 미쳐 버릴 것 같았다. 선배들은 그렇게 돈을 벌었지만 자기는 그러고 싶지 않았다. 지루한 그림은 그리고 싶지 않았다. 재미있게 그리고 싶었다. 지난 수천 년간 중노동의 결과물이었던 그림이 유희의 결과물로 전환된 것. 이게 더 많은 사람들에게 감동을 주었다. 그리고 역사에 남았다.

심리학은 끊임없이 매력에 대한 이야기를 한다. 그중 자주 언급되는 것은 '빈틈'이다. 사람이 완벽하면 매력이 없다고 한다. 어딘가 빈틈이 있어 보여야, 어딘가 모자라 보여야 사람들이 매력을 느낀다는 것이다. 주변을 돌아보면 쉽게 이해 가능하다. 완벽하게 잘난 남자 주변에는 여자가 없고, 누구나 쉽게 접근 가능한, 약간 덜 떨어진 남자 주변에는 여자들이 넘친다. 관념적이고 진지한 남자, 생각도 많고 주관도 강한 남자는 여자도 없고 인기도 없다. 반대로 실없는 남자, 웃기는 소리 잘하는 엉뚱한 남자는 여자도 많고 인기도 많다.

'의외성'은 예상치 못한, 예측 불허의 말과 행동, 쉽게 말해 엉뚱함이다. '빈틈'이 사람의 접근성을 높여 친근함을 더 한다면, 의외성은 사람의 매력을 그 자리에서 폭발시킨다. 성실함과 꾸준함, 건강의 매력은 인지되기까지 시간이 걸리지만 의외성의 매력은 즉각적이다. 사람들에게 인기가 많은, 매력 만점의 사람들에겐 언제나 의외성이 있다. 예상하지 못했던 (허를 찌르는) 의외의 말과 행동을 자주 하는 것이다. 지금껏 그저 '재미있다', '웃기다', '특이하다' 이런 식으로 여겼던 특성이 사실은 매력의 또 다른 핵이었던 것이다. 위 두 그림을 다시 본다. 왼쪽 그림이 왜 잊혔는지, 왜 오른쪽 그림이 역사에 남았는지 깨닫는다. 의외성이 매력에 얼마나 막강한 영향을 주는지 깨닫는다. 예상치 못한, 재미있는, 신기한, 특이한, 엉뚱한 특징들이 인간의 마음을 어떻게 사로잡는지 이해한다.

스펙 장사에 찌든 인생을 살다 보면 애정 문제를 대할 때도 규격대로 생각을 하게 된다. 스펙과 규격이 맞아야 인연을 얻을 수 있다고 생각한다. 그래서 성형도 하고 거짓말도 하고 간판을 꾸민다. 그리고 실패한다. 왜 이성 관계가 늘 그렇게 힘들고 불행한지 원인을 깨닫지 못한다. 이유는 하나뿐이다. 매력이 없기 때문이다.

외모와 지능이 아무리 모자란 것 같아도 그건 첫인상의 문제일 뿐이다. 같이 있으면 마음이 즐겁고 사는 게 재미있다는 것이 중요하다. 지금 잠깐 만나고 헤어질 것이면 첫인상이 중요하겠지만, 오래 만날 것이라면 첫인상의 문제는 크게 고

려되지 않는다.

다시 우측 그림을 보자. 작가가 왜 이렇게 그렸는지, 왜 그림으로부터 여유와 자유, 즐거움과 행복이 느껴지는지 생각해 보자. 인간의 본성은 물 흐르듯 흐른다. 어렵고 엄하고 지루한 쪽으로부터 벗어나 쉽고 자유롭고 재미있는 쪽으로 흐른다. '좋은 게 좋은 것'이라는 말은 인간 본성과 매력의 본질이다. 사람은 누구나 자유와 신선함, 새로움과 즐거움을 찾는다. 이게 없으면 매력도 없다. 오래 함께하고 싶지 않은 것이다.

자기 비하

여백은 편안함이다. 상대에게 부담이 아닌 친근감을 주는 것이 여백의 목적이다. 여러 방법이 있겠지만 그중 가장 효과적인 것은 나 자신을 내려놓는 것이다. 여백과 파격은 '매력 = 건강'의 명제에서 벗어나지 않는다. 인간은 강할수록 너그러워지고 자기방어가 느슨해진다. 자신 있을수록 솔직해지며 자신의 단점에 대해 여유를 보이게 된다. 애당초 정신이 건강하기 때문에 아무렇지 않게 자신을 낮출 수 있는 것이다. 이런 여유만만한 태도가 상대에게 편안함을 준다.

상대에게 잘나 보이고 싶은 욕구를 버린다. 태어난 그대로, 자연 상태 그대로 가는 것이다. 나는 아무것도 아니다, 별

것 없는 사람이다, 이 컨셉으로 자기 비하도 자연스럽게 하는 것이다. 저 머리 나빠요, 무식해요, 가난해요, 이런 말을 한 점 부끄러움 없이 하는 것이다. 자기 비하 개그는 너무 적극적으로 하거나 자주 하면 역효과를 부를 수 있다. 이것 역시 나에 대한 집착으로 비치기 때문이다. 기회가 생길 때 가끔씩 해준다. 그러면 상대는 당신을 다가가기 쉬운, 건강한 사람으로 인식하게 된다.

빈틈 보이기

'여자는 만만하게 보이면 안 된다'는 조언은 나쁜 남자, 마음에 들지 않는 남자 앞에서 통용되는 조언이다. 당신이 매력을 얻고 싶은 남자 앞에선, 그 반대로, 만만하게 보이는 것이 유리하다. 남자는 기본적으로 '심리적 접근성'을 획득해야 여자와의 관계 진전을 꾀한다. 여자가 빈틈없고 어려울수록 남자는 심리적 거리감을 느낀다. 잘난 여자 주변에 남자가 안 꼬이는 이유다. 여자 입장에선 남자에게 빈틈을 보여야 한다. 자기 비하도 꼭 필요한 것은 아니다. 원래 자기 비하에 익숙하지 않을 경우에는 다른 방법을 찾는 것이 좋다.

가끔 멍한 표정을 짓거나, 말을 잘못 알아듣거나, 까먹은 척을 하거나, 발을 헛디뎌 비명을 지르거나, 사소한 실수를 하거나. 그렇게 빈틈을 보인다. 물론 이런 일이 너무 자주 반복되거나, 중요한 순간마다 이런 행동을 하면 사람이 고장 났다는 인상을 준다. 신체나 정신에 문제가 있다, 건강하지 못하다고 생각할 수 있는 것이다. 뭐든 과하면 역효과다. 이상하지만 귀엽다, 엉뚱하지만 재미있다는 인상을 주는 정도에 그쳐야 한다.

남자가 여자의 빈틈에서 매력을 얻는 것은 성관계에 대한 기대 때문이다. 본인들은 아니라고 부인해도 결국 남자의 본능은 여자와의 성관계 가능성을 생각할 수밖에 없다. 여자가 건강하다, 그와 동시에 빈틈이 있다, 이따금 어리숙하다, 그런 인상을 주는 것이 핵심이다. 그러면 남자는 여자에게 걷잡을 수 없이 매력을 느끼게 된다.

참지 않기

참을성은 정신 건강을 말해 주는 중요한 척도다. 마음이 건강할수록 너그럽고 솔직한 동시에 인내심도 강해진다. 그래서 어려움이나 스트레스를 잘 참는 여자에게 남자는 매력을 느낀다. 하지만 재미없고 지루한 것에 대한 인내는 그 반대다. 지루하고 재미없는 것에 저항하지 못하고 바보같이 참으면 남자는 이 여자가 건강하다고 느끼는 것이 아니라 둔하고 멍청하다고 느낀다.

　지루하고 재미없는, 뻔하고 따분한 것에 민감하게 반응해야 한다. 그래야 남자는 여자가 민감하고 영특하다고 느낀다. 같이 있으면 재미있다고 느낀다. 영화가 재미없으면 '참 재미없는 영화네요'라고 말할 수 있어야 한다. 누군가가 지루하면 뒤돌아서서 '그분 재미없었어요'라고 돌직구를 날릴 수 있어야 한다. '맹랑하다'는 인상을 주는 것도 좋다. 그래야 건강해 보인다. 매력 있어 보인다. 다만 뭐든 과하면 역효과다. 건방지다, 무례하다는 인상을 주지 않게 적당히 해야 한다.

누군가 나를 싫어하게 만들기

　여기서 한 단계 더 나아간다. 참지 않는 걸 넘어, 누군가가 나를 싫어하게 만든다고 생각한다. 매력의 역설법은 삶의 진리이기도 하다. 모두의 친구는 누구의 친구도 아니라고 했다. 모두를 만족시키려는 사업은 반드시 망한다고 했다. 모두에게 인기를 얻으려는 사람은 매력적일 수 없다. 실제로 모두에게 인기 있는 사람은 모두에게 인기를 얻으려 하지 않았다. 인기 있는 사람은 그저 타고난 대로 행동했을 뿐이다. 당신이 타고난 대로 행동해도 매력이 없다면 차라리 누군가의 미움을 받는다고 생각해야 한다. 인기 없는 사람이 점점 더 매력 없는 사람이 되는 이유는 이렇다: 누군가 자기를 (또) 싫어하지 않을까 마음 졸이며 살았기 때문이다. 누가 나를 싫어하지 않을까 하는 불안하고 소심하고 두려운 마음이 사람을 '좀비'로 만들기 때문이다. 정말로 아무도 좋아하지 않는 무無매력 인생으로 전락하는 것이다.

지금껏 매력의 발산에서 소개한 오른쪽 그림들을 보자. 이 그림들이 역사에 남은 까닭은, 역설적으로, 싫어하는 사람이 많았기 때문이다. 반대로, 좌측의 그림들은 싫어하는 사람이 별로 없었다. 누구나 좋아할 만한 그림이었다. 하지만 이 그림들은 현재 아무도 기억하지 않는다. 누구나 좋아할 만한 인생을 살고자 한다면 이미 매력을 포기한 것이다. 매력적이고 싶지만 누가 나를 싫어하는 것이 싫다면 모순이다. 그런 마음으로는 평생 매력 없는 인생을 살다가 죽는다. 미움받지 않는 인생은 결국 무관심 인생이기 때문이다. 평생 욕먹을 일은 없을지 몰라도 당신을 기억해 줄 사람은 아무도 없다.

매력이 강렬할수록 그 매력에 거부감 느끼는 사람은 늘어난다. 그리고 그만큼 그 매력에 죽고 못 사는 사람도 늘어난다. 남자에게 청혼을 받으려면 당신에게 푹 빠진 사람 단 한 명만 있으면 된다. 전 세계 모든 남자에게 청혼 받고 싶은 마음이야 굴뚝 같겠지만, 누구에게도 그런 일은 일어날 수 없다.

'싫어하는 사람이 있어야 매력이 있는 법이다'라는 진리를 마음속에 되새겨야 한다. 일부러 남이 싫어할 짓을 할 필요는 없다. 남이 나를 싫어할까 봐 눈치 보는 멍청한 자학 행위만 그만두면 된다. 누가 나를 미워하면 다행이라고 생각한다. 그만큼 나의 매력지수는 높아지고, 나를 좋아해 줄 사람도 한 명 늘었다고 생각한다.

단순히 매력만의 문제가 아니다. '누가 나를 싫어하지 않을까' 두려움에서 해방되는 순간 당신의 인생은 지금보다 행복해진다. 누군가 정말로 나를 싫어하게 되더라도, 그 때문에 다소의 불이익이 생기더라도(그럴 가능성은 낮지만), 그래도 여전히 당신은 전보다 행복해졌으니 다행인 것이다.

'건강이 매력'인 까닭은 결국 '행복하기 때문에 매력'인 까닭과 같다. 스스로 행복할 줄 모르는 인생에 돌아오는 것은 무시와 멸시뿐이다. 스스로 행복할 줄 아는 인생은 필연적으로 사람들의 관심을 얻는다. 그리고 언젠가 누군가의 열렬한 마음도 얻는다. 다시 정의하자면, 매력은 행복이다.

매력

실

전

사용법

이론만으론 모르겠다는 독자들을 위해 실제 남자를 만나 어떻게 매력을 활용해야 하는지 단계적 설명을 제공한다. 여기서 설명하는 매력 사용법은 '내가 마음에 드는 남자를 만났을 경우'를 가정한 것이다. 어떻게 마음에 드는 남자를 만나는지, 남자를 만나는 법에 대해서는 알려 주지 못한다. 실제 남자와 만남의 기회를 얻는 건 각자 재량에 달린 문제다. 여기서는 내가 마음에 드는 남자를 만났을 경우, 이 남자와 어떻게 관계를 진전하고, 어떻게 남자의 기억에 남고, 어떻게 원하는 반응을 이끌어 낼 수 있는지 이야기한다.

1. 접근 가능한 대상인지 확인

마음에 드는 남자를 만나면 먼저 내게 거부감이 있는지 여부를 확인해야 한다. 남자는 여자의 첫인상에서 거부감을 느끼면 좀처럼 호감으로 돌아서지 않기 때문이다. 다음은 남자가 여자에게 거부감을 느낄 때 나타나는 행동들이다.

1) 시선 회피: 두려워서 피하는 것이 아니라 교감하지 않기 위해 피하는 것. 가까이하기 싫다는 느낌이 묻어남.
2) 말하는 것이 힘들어 보임: 교감을 하기 싫으니 대화 자체가 힘겨워 보임. 자발적인 대화가 아니라 의무감에서 억지로 하는 느낌.
3) 미래의 일에 대해 이야기하지 않음: 주말 계획, 결혼 계획, 장래 계획 등에 대해 언급하지 않음. 상대와 교제할 생각이 전혀 없기 때문.
4) 사적인 얘기하지 않음: 자신이 어떤 사람인지, 무슨 생각인지, 어떤 취향과 주관을 갖고 있는지 이야기하지 않음. 지인, 가족, 가정사 등 사적인 이야기도 하지 않음. 상대와 교감을 줄이기 위한 노력의 일환.

매력이 먹히기 위해서는 남자가 여자에게 최소한 비호감은 아니어야 한다. 호감이 있다면 호기심을 보이기 마련이다.

그런 느낌이 전혀 없고 위 4가지 중 3개 이상 해당된다 싶으면 이 남자와는 앞으로 가망이 없으니 그 자리에서 마무리하자.

접근 가능한 대상인지 확인하는 가장 확실한 방법이 있다. 남자에게 뜬금없는 친절을 베푸는 것이다. 자판기 음료수를 뽑아 준다든가, 서랍에 넣어 둔 사탕을 나눠 준다든가, 누구도 이상하게 생각하지 않을 사소하고도 자연스러운 (별 의미 없어 보이는) 친절을 베푸는 것이다. 그리고 남자의 반응을 살핀다. 이때 아무도 모르게 책상 위에 몰래 놓아 둔다든가, '속마음'을 적은 쪽지를 동봉한다든가 하면 안 된다. 무조건 당사자에게 직접 들이밀어야 한다. 아무 표정 연기하지 말고, '미운 놈 떡 하나 더 준다'는 심정으로, 아무렇지 않게.

이때 남자가 별다른 표정 변화 없이 그냥 고맙다고 말하고 끝인 수준이면 호감이 없는 것이고, 기쁘거나 놀란 표정을 짓거나, '다음에는 내가 사겠다' 하는 등 반응이 적극적이면 당신에게 상당한 호감이 있다고 해석할 수 있다.

남자로부터 '최소한의 호감'을 확인했다면 관계 진전을 꾀한다. 여자 쪽에서 관계를 주도할 수도 있고, 아니면 남자 쪽에서 주도하도록 둘 수도 있다. 이는 남자의 테스토스테론 수치에 달린 문제다.

1) 여자 쪽에서 관계를 주도해야 하는 경우

여성스러운, 테스토스테론 수치가 낮은 남자, 자존심이 강한 남자, 어릴 때 과잉보호 받고 자란 남자라면 여자가 관계를 주도하는 것이 효과적이다. 이런 남자들은 대개 여자가 먼저 약속을 정하고 여자가 먼저 적극적으로 나오길 기대한다. 다음은 여자가 관계를 주도해야 할 남자들의 특징이다.

— 얼굴 생김새가 여성스러움.
— 수염이 듬성듬성하고 잘 자라지 않음.
— 적극적이지 않고 소극적.
— 들이대는 느낌이 없음.
— 까다롭고 불만이 많으며 자기주장이 강함.

여기 덧붙여 아래 2가지 특징까지 겸비한 경우 '여자가 다루기 쉬운 유형'이니 여자가 안심하고 관계를 적극 주도할 필요가 있다.

— 마음이 여림, 선량함, 동정심 많음.
— 연애 경험이 많지 않음.

2) 남자가 관계를 주도해야 하는 경우

위와 정반대의 특징을 가진 남자들, 여자에게 적극적으로 들이대는, 말과 행동이 시원시원 거침없는 남자들은 테스토스테론 수치가 높고 여자 경험이 많다고 판단, 남자 쪽에서 관계를 주도하도록 기다려야 한다. 이런 남자임에도 약속을 잡는데 미적거리거나 관계 진전에 수동적이면 과감하게 관계를 접는다. 이런 경우 남자가 당신에게 성적 흥미를 느끼지 않는 것이기 때문이다. 이런 경우 여자 쪽에서 적극적으로 나오면 냉정하게 무시당하거나 질질 끌려다니다 이용만 당할 확률이 높다.

그러나 어느 쪽이든 남자가 '내게 호감이 있다'고 판단되면 여자 쪽에서 먼저 관계를 시작할 수 있다. 여자가 먼저 관심을 보이고 들이대면 대개 남자는 긍정적인 인상을 받는다. '이 여자 대범하다, 자신감 있다, 건강하다'고 생각한다.

여자가 먼저 호감을 표할 경우, 테스토스테론 수치가 낮은 쪽보다는 오히려 높은 쪽이 관계가 진전될 확률이 높다. 왜냐하면 테스토스테론 수치가 높은 남자일수록 낯선 여자와의 성적 관계를 더 열렬히 기대하기 때문이다. 즉, 테스토스테론 수치가 높은 남자는 여자가 먼저 관계를 시작하고, 그 다음에는 남자가 관계를 이끌도록 하는 것이 유리하다.

아무리 접근 가능성을 확실히 해도 거절당할 확률은 여전히 남는다. 많은 여자들이 이 때문에, 거절당하고 상처받을까 봐 아무것도 못하고 혼자 앓는다. 거절을 아무렇지 않게 받아 들여야 매력적인 여자가 된다. 거절을 당하고 어떻게 반응하 느냐에 따라 없던 매력이 생기기도 한다.

다음은 거절당해도 매력적인 여자로 남는 방법이다.

1) '너 말고 앞으로 더 살펴볼 남자가 10명 더 있다'는 자세

싫다는 남자와는 어차피 궁합이 맞지 않으니 사귀어 봐야 괴로울 뿐이다. 연애란 둘 다 좋아야 되는 것이라 상대방 이 관심 없으면 다른 상대를 알아보는 것이 당연하다. '이 남자 파는 겁니까, 안 파는 겁니까' 비즈니스 마인드로 접 근하는 것이 효과적이다. 파는 사람이 안 팔겠다면 못 사 는 것이다. 쇼핑 위시 리스트를 만들 듯 남자 목록 10명 가까이 만들어 놓고 한 명씩 '체크아웃'한다고 생각한다.

2) 거절당했을 때 할 멋진 대사를 미리 준비

거절당했다고 해서 미안해할 필요도, 민망해할 필요도, 아무렇지 않은 척 연기를 할 필요도 없다. 특히 절대로 미 안한 척, 잘못한 척을 해서는 안 된다. 그랬다간 영원히 매 력 없는 여자로 남는다. 앞서 말했듯, 파는 사람이 안 팔겠 다면 할 수 없는 일이다. 살 사람이 감정 상할 이유 전혀 없다. 전화번호를 주면서 '혹시 마음 바뀌면 알려 주세요, 민망해하지 마시고' 이렇게 비즈니스 마인드로 당당하게 나가면 상대는 깊은 인상을 받는다.

3) 거절당한 뒤 할 일을 미리 계획

밖에 나가 달리기를 한다든가, 헬스장에 간다든가, 전시회, 음악회를 간다든가, 친구를 만나 술을 마신다든가, 되도록 야외에서 몸을 움직이는 일이어야 한다. 거절당한 뒤 할 일을 미리 계획해 두고 거절당하자마자 반사적으로 실행에 옮기면 더 빨리 잊을 수 있다.

2. 성적 기대감 심기

남자는 '번식'이라는 원초적 욕구를 버릴 수 없다. 낯선 여자를 보았을 때, 거부감을 느끼지 않으면, 섹스를 기대하게 되고, 여자는 이를 이용해 남자를 내 뜻대로 다룰 수 있다. 여자는 임신에 대한 부담 때문에 남자관계에 소극적이지만 남자는 그렇지 않다. 여자가 남자에게 '성적 기대감'을 심어 주기만 한다면 남자는 어처구니 없을 정도로 쉽게 넘어온다.

별 볼 일 없는 외모에도 남자가 끊이지 않는 '연애의 고수'들이 있는데, 이 여자들은 공통적으로 '저놈도 당연히 나랑 자고 싶겠지'라는 자신감을 갖는다. 여자가 남자의 번식 본능을 이해하면 여자는, 외적 매력과 상관없이, 얼마든지 남자에게 성적 기대감을 심어 줄 수 있다. 중요한 부분이니 반복: 남자는 번식 본능에 지배되는 동물이며, 새로운 여자를 보면 언제나 성관계를 기대한다. 머리가 아니라 몸이.

'너도 당연히 나를 어떻게 해 보고 싶겠지'라는 확신이 중요하다. 이 확신이 강할수록 표정과 말투와 행동에 성적 매력이 배어 나온다. 마치 페로몬처럼 남자에게 매우 강한 매력으로 작용한다. 섹스어필에 대한 자신감이 확고하다면 특별히 다른 걸 할 필요가 없다. 이 상태 그대로 아무 말없이 그저 바라만 보아도 상대는 자석처럼 끌려온다.

사이비 연애 상담이나 삼류 헐리우드 영화 등에서 성적 기대감을 심어 주는 엉터리 방법들을 이야기한다. 미소를 지으며 상대의 눈을 빤히 바라보거나, 머리를 찰랑찰랑 매만지거나, 사적인 안부를 묻거나, 남자를 성적으로 도발하는 갖가지 '뻔한' 방법들을 이야기한다. 이러면 남자에게 '이 여자가 내게 관심 있구나' 확신을 줄 수는 있다. 하지만 그 때문에 남자가 성욕이 달아오른다는 보장은 없다. 흔히 하는 착각이다. 여자가 갑자기 다가와 남자에게 스킨십을 하면 100% 섹스를 하고 싶어 할 것이란 착각.

남자의 성욕은 수많은 변수에 의해 좌우되며 생각하는 것처럼 기계적으로 작동하지 않는다. 남자가 성욕이 발동되는 조건은 매력이며, 전후 좌우 사정 없이 접근해서 자극을 준다고 섹스를 하는 경우는 없다. '성적 기대감을 심어 준다'는 말 뜻을 되새긴다. 억지로 부추긴다고 되는 게 아닌 것이다. 억지로 부추길수록 기대감은 사라진다. 스스로 기대감을 가져야 관계를 맺는다.

절대로 남자를 억지로 우격다짐 부추길 생각을 하면 안된다. 멀리 떨어져서 천천히 기대감을 심어 준다고 생각한다. 그러기 위해 당신이 먼저 남자에게 기대감을 갖는다. '너도 나랑 자고 싶겠지.' 이 생각으로 남자를 대하면 남자는 귀신같이 알아챈다. 절대로 말을 해서는 안 된다. 다시 말한다. 억지로 부추기는 순간 남자의 기대감은 달아나고 여자의 매력은 사라진다. 반드시 머릿속으로 생각만 해야 한다. '너도 나랑 자고 싶겠지.' 이러면 남자에게 신호가 간다: '나는 (너와의) 섹스에 거부감이 없다'는 신호를 보내는 것이다. 말이나 행동을 하는 것이 아니라 단지 그런 마음만 먹는 것이다. 그러면 남자의 성적 기대감은 폭발한다. 그 어떤 근거도 없이 남자는 확신을 갖는다. 섹스에 대한 강렬한 확신을. 그때부터 남자는 여자를 잊지 못하고 성적 기대감을 부풀리게 된다.

3. 거부감 방지

성적 기대감을 심어 주고 불을 지피는 것까지는 쉬운 일일 수 있다. 하지만 이걸 오래 유지하는 건 쉬운 일이 아니다. 섹스어필은 인스턴트 매력이기 때문이다. 매력을 망치는 말이나 행동을 2번 이상 하면 남자의 성적 기대감은 한순간에 사라져 버릴 수 있다. 곱게 자란 남자, 교양 수준 높은 남자, 특히 좋은 남편감일수록 순식간에 식는 정도가 심하다. 이 여자 하는 짓이 아니다 싶으면 그 자리에서 관계 끊고 연락을 차단할 생각까지 한다. 다음은 여자의 매력을 망치는 대표적인 요인들이다. 관계 진전이 잘 안 되거나, 남자 쪽에서 갑자기 흥미를 잃었을 경우 아래 요인 중 하나 이상을 의심해 볼 수 있다.

1) 어색함

여자는 자신감이 없고 연애 경험이 부족할수록 남자 앞에서 부자연스러운 모습을 보인다. 긴장, 스트레스, 자기방어, 감정 과잉, 가식적 생활 습관 등은 필연적으로 사람을 불편하게 만든다. 본인은 불편하지 않을지 몰라도 처음 보는 남자는 불편하고 어색하다. 사귀려면 함께 있을 때 편해야 한다. 가슴 뛰거나 흥분되는 건 관계의 불시착, 곧 배드 엔딩을 알리는 조짐이다. 곁에 있을 때 편안한 것이 관계에 무조건 가장 유리하다. 아무리 오래 같이 있어도 좀처럼 편한 구석이 없으면 관계 개선은 기대할 수 없다. '매력의 발산—자연' 챕터를 참고하기 바란다. 처음 보는 사람 앞에서 어떻게 자연스러울 수 있는지 알아야 성적 기대감이 유지되고 관계가 진전된다.

2) 자의식 과잉

나를 너무 내세우거나, 너무 잘난 티를 내거나, 내 얘기만 하거나, 내 의견만 우격다짐 주장하거나, 쓸데없는 비교를 하거나, 근거 없는 폄하, 부정적 언사를 남발하면 남자는 불편함을 느낀다. 여자의 자아Ego가 너무 강하게 느껴지기 때문이다. 주관이 있는 건 좋으나, 주관이 너무 강하면 상대는 거부감을 느낀다. 여자는 남자의 자아를 잘 참아 준다. 하지만 남자는 그렇지 않다. 자신의 자아는 누구보다 강하면서 여자의 자아는 좀처럼 잠시도 참아 주지 못한다. '자아 죽이기' 참고 바란다.

3) 재미없음

그런 것 같아요, 아닌 것 같아요, 모르겠는데요, 대신 정해 주세요, 이런 말이 반복될수록 여자는 소심하고 나약하고 재미없는 존재가 된다. 최소한의 주관이나 취향은 있어야 (적어도 있는 것처럼 보여야) 매력 어필이 가능하다. 아무 생각

없이 인형처럼 앉아 있는 것도 성적 기대감을 높이는 방법이다. 하지만 당신은 남자와 관계를 진전하기 위해 남자를 만나는 것이지 남자의 성적 노리개가 되기 위해 남자를 만나는 것은 아니다. 남자는 인형과 사귀지 않으며, 아무리 인형 같은 여자에게 훅 빠졌더라도 성욕이 죽으면 관계도 죽는다. '매력의 발산—활기'로 돌아간다. 취향을 갖고 하고 싶은 일을 만든다. 성적 접근은 일시적이지만, 활기는 영구적이며, 세상 어떤 남자에게든지 통하는 법이다.

4) 과잉 친절, 과잉 관심

너무 잘해 주려고 하거나, 입에 발린 칭찬만 하거나, 무턱대고 공감만 하는 경우 남자는 여자에게 식상함을 느낀다. 사람이 매력 없다고 느끼는 것이다. 연봉을 물어보거나, 자산을 궁금해하는 경우에도 남자는 불편해한다. 남자는 자신에 대한 지나친 친절과 관심은 '인생에 대한 간섭'으로 인식해 거부감을 갖는다.

5) 기대와 집착

너무 자주 연락하거나, 연락을 보채거나, 뭔가 요구하거나, 뭔가 해 주길 바라거나, 조금이라도 상대에게 집착하고 의존하는 모습을 보이는 순간 당신은 매력을 잃고 거부감을 사게 된다.

6) 감정적

여자는 마음에 드는 남자 앞에서 쉽게 토라지고, 화를 내고, 따지고, 눈물을 보이곤 하는데, 이럴 때마다 남자는 여자가 병들었다고 인식한다. 머리로 하는 판단이 아닌 본능적 판단이다. 여자가 감정적으로 나오면 남자는 그 즉시 이 여자는 건강하지 못하다, 매력이 없다는 결론에 이르게 된다. 본능적 판단은 이성적 판단보다 확고하다. 아무리 머리로 '이 여자 다른 건 괜찮은데' 생각하려 해도, 오장육부의 본능은 더 이상 여자와 관계를 유지하지 않고 피하게 만든다.

7) 경청하지 않음

남자는 자기 말을 잘 듣지 않는 여자에게 거부감을 넘어 불쾌감을 느낀다. 말을 중간에 끊거나, 자기 말부터 하거나, 말하는데 딴청 피우거나, 연관 없는 말만 하는 경우 여자를 더 이상 만나고 싶어 하지 않는다. 경청하지 못하는 습관은 앞서 말한 '자의식 과잉'의 또 다른 부작용이다. 관계를 맺고 싶은 것이 아니라 나를 증명하고 싶은 것이다. 둘이 잘 지내기 위해 소통하고 싶은 게 아니라 나 자신을 남에게 강요하고 싶은 것이다. 자의식 과잉은 인간관계에 많은 불행을 낳는다. 지금까지 말한 남자에게 거부감 주는 행동 대부분이 자의식 과잉의 결과다. '매력의 발산— 자연' 챕터를 다시 읽는다. 여기 자의식 과잉에서 벗어나기 위한 여러 방법들이 소개돼 있다. 자의식 과잉에서 벗어나지 못하면 당신에게 매력은 없다.

4. 시선과 표정

1) 자세

구부정한 자세, 비스듬한 자세, 비뚤어진 자세 등은 좋지 못한 첫인상을 준다. (장애, 영양 결핍, 질병 감염 등을 연상시킨다.) 여자는 앉을 때 척추를 바로 세워 앉아야 건강하다는 인상을 준다. 피치 못할 사정으로 의자 밑으로는 자세가 비뚤어지더라도 의자 위 상체는 똑바로 하는 것이 좋다. 목과 어깨 선이 노골적으로 드러나도록 목을 세우고 어깨는 편다. 이때 절로 상체가 움츠러드는 경우가 많은데, 가슴을 활짝 열고 당당함을 보여 주는 것이 100배 더 이득이다. 그래야 남자가 여자의 몸과 마음이 건강하다는 인상을 받는다. 턱은 앞으로 내밀지 말고 뒤로 좀 당겨야 한다. 목을 바로 세우면 고고하다는 인상을 주지만 고개를 뒤로 젖히고 턱을 앞으로 내밀면 건방지다는 인상을 준다. 이마를 앞으로 내밀고 고개를 약간 숙여 턱을 목 쪽으로 약간 붙이는 자세를 유지하는 것이 좋다.

2) 팔

팔의 길이는 인간의 생존 능력을 높이는 중요한 신체 특징이다. 먹이 채집에 절대적으로 유리할 뿐 아니라, 싸움에도 상당한 이점을 제공한다. 남자 여자를 막론하고 팔이 길면 '남보다 더 잘살 것 같다'는 무의식적 느낌을 준다. 여자의 외적 매력은 다리보다 팔이 더 크게 좌우한다. 다리의 길이는 일어나서 어느 정도 떨어진 거리에서 봐야 인지 가능하지만, 팔은 앉으나 서나 가까이 있으나 멀리 있으나 언제나 항상 인지할 수밖에 없기 때문이다. 여자의 다리 길이에 집착하는 남자들은 대개 여자 경험도 취향도 없는 애송이거나, 자기 다리 길이에 콤플렉스가 있는 경우다. (대부분의 남자들은 여자 다리 길이보다 허리와 골반 비율, 그리고 허벅지에 더 큰 성적 매력을 느낀다.) 여자는 남자 앞에서 팔이 길어 보일 필요가 있다. 원래 팔이 길다면 팔이 잘 드러나는 옷을 입고, 팔과 손을 눈에 잘 띄는 곳에 두면서, 조금씩 움직여 줘야 효과적인 어필을 할 수 있다. 원래 팔이 짧다면 팔을 완전히 덮는 옷, 특히 소매가 손바닥까지 내려오는 긴 옷을 입는 편이 유리하다. 아니면 팔은 포기하고 시선부터 시작하는 것도 좋은 방법이다.

3) 시선

시선은 사람의 전체 인상을 결정짓는다. 이 사람이 내게 어떤 마음인지 가장 적나라하게 보여 주는 것도 시선이요, 어떤 성품을 갖고 있는지 간접적으로 보여 주는 것도 시선이요, 앞으로의 말과 행동을 결정 짓는 것도 시선이다. 시선 처리의 핵심은 자연스러움이다. 자의식을 죽여야 자연스러운 시선 처리가 가능하다. 상대가 나를 어떻게 볼지 두려울수록 시선이 부자연스럽고 말과 행동도 불편하다. 자의식을 죽이는 가장 좋은 방법은 나를 다른 존재로 치환하는 것이다. 구체적으로, '나는 고양이, 너는 개' 혹은 '나는 세 살짜리 어린이, 너는 동물원 코끼리'라고 생각한다. 상대방에게 호기심을 갖는다. 고양이가 개를 관찰하듯, 아이가 코끼리를 보듯 바라본다. 과학자의 마음을 갖는 것도 좋다. 파브르가 곤충을 관찰하듯, '남자 관찰기'를 쓴다는 생각으로 남자를 바라보고 대한다. 이런 생각은 시선을 자연스럽게 만들어 줄 뿐 아니라 남자에 대한 공정하고 객관적인 태도를 유지하게 해 준다.

4) 표정

여자가 어둡고 비관적인 표정이면 남자는 여자의 건강 상태를 의심한다. 이 여자와 가까이하면 스트레스 받겠다는 생각이 든다. 여자는 남자 앞에서 의도적으로 표정 관리를 해야 한다. 원래 생기발랄한 얼굴이면 관리하지 말고 생긴 대로 있으면 된다. 원래 어두운 얼굴이면 다른 건 제쳐 두고 표정부터 관리해야 한다. 긴장된, 화난, 심각한 표정을 풀고, 자연스러운 미소를 짓거나, 눈을 밝게 뜨는 연습을 해야 한다. 미소를 과하게 짓거나 억지로 밝은 표정을 지으면 역효과를 부르니 자연스럽게, 약하게, 보일 듯 말 듯 하는 것이 좋다. 계속 같은 표정보다는 조금씩 바꾸고 움직여 주는 것이 좋다. 입술을 조금씩만 움직여도 표정이 풍부해진다. 시시때때로 입술을 움직이며 살짝 다물거나 조금씩 벌려 준다. 손을 가볍게 움직여 주는 것도 어두운 인상을 감추고 활발한 인상을 드러내는 데 도움이 될 수 있다.

5) 목소리

여자는 남자의 우렁찬 목소리에 매력을 느낄지 몰라도 남자는 여자의 목소리가 우렁차면 거부감을 넘어 두려움을 느낀다. 밝고 낭랑한 목소리는 매력적이지만, 크고 거슬리는 목소리는 남자의 성욕을 죽인다. 야생 자연에서 목소리로 이성을 유혹하는 쪽은 예외 없이 수컷이다. 암컷 목소리가 크면 수컷이 두려움을 느끼는 이유다. 자신보다 강한 수컷을 연상시키기 때문이다. 목소리에 감정이나 에너지를 너무 담으면 안 된다. 화날 때, 위급 상황, 대중 연설 같은 특수 상황에선 그런 목소리가 요긴하다. 하지만 남자와 짝을 지어야 할 상황에선 그런 목소리 때문에 매력이 죽는다. 여자는 남자 앞에서 목소리를 억제해야 한다. 아무리 목소리가 생기발랄해도 볼륨이 크면 거슬린다. 여자가 통제 불가능하다고 느낀다. 사실 남녀를 막론하고 이성에게 목소리는 차분하고 나긋나긋한 것이 좋다. 달 밝은 밤에 고요한 유람선 위에서 유혹하듯이 나직하게 바닥에 깔리는 목소리가 성욕을 자극한다. 하지만 이런 목소리를 일부러 만들 필요는 없다. 억지로 목소리를 변조할 필요는 없고 단지 목소리 크기에 '상한선'을 정한다고 생각하면 된다. 아무리 신나도 필요 이상 목소리를 크게, 높게 내지 않으면 충분하다.

5. 대화

남자와의 대화법은 여자의 성격에 따라 다음 2가지 중 하나를 택하는 것이 좋다.

1) 외향적이고 발랄한 성격일 경우

'몰라도 아는 척' 생기발랄 컨셉으로 간다. 싫은 건 싫다, 모르는 건 모른다, 없는 것은 없다고 말한다. 주관 있어 보이는 것이 핵심이다. 주관이 없으면 거짓으로 지어낸다. 식사는 무엇으로 하시겠습니까 물어보면 먹고 싶은 것이 없어도 그냥 아무것이나 찍어서 하자고 한다. '새우 튀김이요, 요즘 기름이 당기네.', '설렁탕이요, 고기 많이 들어간 거.' 이런 식으로. 주말에 어디 가고 싶으냐고 물으면 가고 싶은 데가 없어도 그냥 무작정 생각나는 대로 찍는다. '롯데월드요, 갈 생각만 해도 벌써 신난다!', '남산공원이요, 나 남산 무지 좋아하는데!', '서해바다요, 가서 조개를 먹는 거죠!' 이런 식으로.

모르는 걸 아는 척하다가 들통 나면 이실직고하면 된다. 모르는데 아는 척했다고. 남산 공원 어디어디 가 봤냐고 물어보면 '사실은 한 번도 안 가 봤는데 그냥 가 보고 싶어서 좋아한다 그런 거예요'라고 말하면 된다. 부끄러워하지 않는 것이 핵심이다. 실없어도 솔직한 것이 포인트다.

대신 적당히 하는 것이 좋다. 평소 전혀 관심도 없었고 아는 척하기도 싫은 것이면 그냥 깨끗이 모른다고, 들어 본 적 없다고 말하는 것이 좋다. '제가 사실은 무식해서……' 이런 말도 아무렇지 않게 할 수 있어야 한다. 적당한 자기 비하는 이 컨셉을 더 매력적으로 만드는 성공 요소다.

주관 있어 보이는 건 좋지만 남자에 과도한 관심을 보이는 것은 좋지 않다. 특히 남자의 집안 배경을 비롯한 사적 정보를 캐묻는 행동은 삼가는 것이 좋다. 같은 주제의 질문을 2번 이상 집요하게 물어보는 것도 불쾌감을 일으킬 수 있다. 세 살짜리 어린이가 할 법한 질문만 한다. 절대로 귀찮게 하거나 집요하게 굴면 안 된다. 같은 주제의 질문을 반복하면 안 된다. 뭔가 물어보거나 코멘트를 하고 싶으면 아주 잠깐 찌르고 빠진다.

2) 내성적이고 진중한 성격일 경우

'알아도 모르는 척' 현모양처 컨셉으로 간다. 침착하고 현명해 보이는 것이 핵심이다. 생기발랄 상대 마음을 뒤흔드는 것도 좋지만, 그게 자연스럽지 않으면 반대로 하는 것이 낫다. 시종일관 차분하고 안정적인 자세로, 상대의 질문에 성실히 답변해 준다. 모든 말과 행동과 표정을 절제한다. 아는 것이 있어도 나서지 말고, 아는 척을 하고 싶어도 꾹 참는다. 상대가 물어보면 그때 안다고 말한다.

의견을 물어보면 딱 부러지는 태도를 보인다. '잘 모르겠는데요'는 없다. 그냥 '모르겠습니다' 아니면 '관심 가져본 적 없습니다'. 매력은 언제나 이진법이다. 그래야 강해 보이고, 그래야 뭔가 있어 보인다. 쉬워 보이지 않기 때문에 섹스에 대한 기대감은 줄어든다. 대신 결혼에 대한 기대감이 높아진다.

하고 싶은 말이 있으면 흥분하지도, 호들갑 떨지도, 감정 싣지도 말고 그냥 차분하게 간결하게 말한다. 직장이나 학교에서 별로 친하지 않은 사람에게 이야기하듯, 무심하게, 남 이야기하듯 말하는 것이 좋다. 말을 할 때도, 하고 난 뒤에도 공감을 구걸하지 않는다. '난 그렇게 생각해요' 하고 끝이다. '내 생각을 받아 주세요, 이해해 주세요' 이런 낌새를 보이는 순간 당신의 매력은 수직낙하하고 만다.

내가 상대에게 호기심을 보이기 전에 상대가 내게 먼저 호기심을 갖게 하는 것이 핵심이다. '이 여자 뭔가 있어 보인다'는 느낌을 주는 것이 포인트다. 의견을 절제하고 심사숙고 하는 모습은 여자의 정신이 건강하다는 인상을 준다. '이 여자 좋은 사람 같다'는 호기심을 불러 일으킨다.

6. 태도와 반응

1) 경청

대화 컨셉을 어느 쪽으로 정했든, 상대가 말을 하면 경청하는 것이 기본 자세다. 남자는 자존심의 동물이며, 여자가 자신을 무시하거나 가볍게 본다는 느낌이 들면 아무리 세계 최고 매력적인 여자라도 관계를 진전시키지 않는다. 경청하는 자세가 없으면 매력도 없다. 경청하지 않는 당신은 남자에게 '하룻밤의 여자'일 뿐이다. 남자와 진지한 관계를 생각한다면 여자는 먼저 남자의 말을 진지하게 들어 줘야 한다. 듣기 싫어도 일단 무슨 말을 하는지 매번 끝까지 들어 준다. 이는 남자라는 동물을 다루기 위한 첫 번째 기본 수칙이다.

남자의 말을 듣는 척만 하고 전혀 다른 주제의 자기 하고 싶은 말만 해도 문제다. 남자의 말을 듣고 나면 되도록 관련된 이야기를 하는 것이 좋다. 도저히 공감할 수도 없고 관심도 없는 주제라면 억지로 말을 연결하지 말고 적당히 고개만 끄덕이고 만다. 관심 없는 말에 매번 관심과 성의를 보일 필요는 없다. 남자가 계속 들어 줄 수 없는 말로 시간을 뺏는 경우, 거부감을 참을 수 없는 경우, 경청이고 나발이고 그냥 핑계 대고 일어나서 집에 와 버리는 것이 최선이다.

경청의 원칙은 단순 명확하다. 남자의 말을 경청할 것이면 끝까지 성심성의껏 최선을 다해 경청하는 것이고, 그렇지 못할 것이면, 즉 '더 이상 참기 어렵다', '내겐 무리다' 싶으면 과감하게 자리 털고 일어나는 것이다. 매력은 언제나 이진법이다. YES 아니면 NO, 좋다 아니면 싫다. 맺고 끊기를 확실히 해야 한다. 그래야 강해 보이고, 그래야 뭔가 있어 보인다.

2) 공감 최소화

경청은 필요하지만 공감은 필요치 않다. 남자 앞에서 공감은 최소화하는 것이 좋다. 남자는 경청해 주는 것만으로 충분하다. 굳이 공감해 주는 척, 편들어 주는 척할 필요 없다. 그런 건 여자들 관계에서나 필요한 법이지, 남자 관계에선 전혀 필요치 않다. 오히려 남자 앞에서 매번 바보처럼 공감해 주는 척, 편들어 주는 척하면 여자가 쉬워 보일 뿐 매력은 생기지 않는다. 완전 공감하는 얘기가 나와도 호들갑 떨거나 중간에 얘기 끊지 말고 끝까지 다 들은 뒤 담백하게 반응한다. 다시 말한다. 경청이 우선이지 공감은 전혀 불필요한 옵션이다.

3) 애교 금지

귀여운 척 예쁜 척 애교 떨기는 여자의 매력을 망치는 최악의 태도다. '저 예쁘지 않아요? 귀엽지 않아요?' 이런 식으로 반응을 구걸하면 남자는 여자가 자신감이 없고 정서가 불안하다고 느낀다. 여자는 누구나 남자 앞에서 귀여워 보이고 싶고 예뻐 보이고 싶다. 그래서 피부 관리에 힘쓰고 시술과 성형에 매달린다. 목소리도 코맹맹이 유치원생처럼 변조한다. 다 좋다. 본인이 그러고 싶으면 그래도 된다. 하지만 남자에게 반응을 기대하거나 강요하면 안 된다. 자기 취향 따라 얼굴을 바꾸고 옷을 맞춰 입고 목소리를 변조하는 것은 본인 재량이다. 하지만 남에게 반응을 기대하거나 요구하는 것은 재량이 아닌 몰상식이다. 본인이 본인에게 무슨 짓을 하든 그건 본인의 자유다. 하지만 상대방의 반응을 눈치 보고 구걸하는 것은 본인의 자유에서 벗어난 행동이다. 나는 나이고, 남은 남이다. 당신은 남에게 본인 입맛대로 반응을 기대할 수 없고 생각을 강요할 수도 없다.

애교 떠는 행위가 남자 앞에서 왜 역효과를 부르는지 지금껏 설명한 것이다. '남자 앞에서 이렇게 보여야겠다'는 생각 자체가 남자의 반응을 쥐어짜려는 의도다. '나는 나 하고 싶은 대로 한 것'이라고 정당화하고 싶겠지만 결과가 좋지 못하니 하는 말이다. 귀여운 척 예쁜 척 애교 떨기는 남자와 관계가 충분히 진전된 후, 결혼하기로 한 뒤에 하면 된다. 처음 본 남자 앞에서 쓸데없는 오버액션 하지 말란 얘기다. 나 하고 싶은 대로 다 하고 살 순 없으며 처음 본 남자와의 관계에서는 더욱 그렇다.

4) 우울 금지

천성적으로 밝은 성격이면 걱정할 필요 없지만, 원래 어딘가 어두운 구석이 있다면 의식적으로 감춰야 한다. 남자가 여자에게 매력을 잃는 흔한 이유 중 하나가 '어두워 보이기 때문'이다. 표정에서 우울을 감추는 것만으로는 부족하다. 적당한 자기 비하는 마음의 건강으로 읽히지만, 자기 연민, 신변 비관으로 흐를 경우 매력을 한 방에 파괴해 버린다. 적정 수준의 가벼운 자기 비하를 넘어선 우울한 이야기는 관계가 충분히 깊어진 뒤에 할 일이다. 그 전에는 모든 부정적인 생각, 표정, 느낌, 사실들을 감춰야 한다. 아무 일 없다는 듯, 모든 것이 다 괜찮다는 듯 연기해야 한다.

귀여운 척 예쁜 척 애교 떨기가 남자의 반응을 쥐어짜려는 의도인 것처럼, 남자 앞에서 지나친 자기 비하와 우울하고 비관적인 태도를 내비치는 것 역시 남자의 관심과 동정을 쥐어짜기 위한 의도다. 본인에게 아무리 그런 의도가 없다고 주장해도 남자 입장에선 그렇게 보인다. 다시 말하지만 처음 만난 사람 앞에서 할 행동이 있고 하지 말아야 할 행동이 있다. 남자의 반응을 구걸하기 위한, '나는 이런 사람'이라고 내세우기 위한, 그런 비슷한 행동들은 모두 당신에게 불리하게 작용한다.

5) (예쁘다고) 칭찬 들었을 때 호들갑 떨지 않기

매력의 중요한 특징 중 하나다. 아무리 기분 좋은 칭찬을 들어도 호들갑 떨지 않는 것이 매력적인 자세다. '아 그래요? 감사합니다' 한번 가볍게 웃어 주고 끝이다. 호들갑 떨고 과민반응 할수록 매력이 감퇴하는 이유는 멘탈이 약하다고 느껴지기 때문이다. 사소한 일에 쉽게 들뜬다는 것은 반대로 사소한 일에 쉽게 좌절하거나 감정 상할 수 있다는 뜻이기 때문이다.

원래 예쁜 여자일수록 어릴 때부터 수많은 칭찬과 사탕발림에 익숙한 법이다. 결핍이 없는 여자일수록 남자의 칭찬에 둔하다. 칭찬에 호들갑 떨고 과민반응을 하는 이유는, 멘탈이 가볍기 때문이기도 하지만, 그런 칭찬에 익숙하지 않거나 결핍이 있다는 의미이기도 하다. 칭찬에 쉽게 마음이 들뜨면 남자는 '이 여자 별것 아니다'라는 느낌을 받는다. 어떤 코멘트를 해도 호들갑 떨지 않고 담담한 반응이면 여자가 강해 보인다. 남자가 '이 여자 뭔가 있는 것 같다'는 느낌을 받는다.

6) 잘해 줄 때 뻔뻔해지기

매력적인 사람들의 또 다른 주요 특징이다. 상대가 잘해 주면 미안한 기색 없이 '어머, 이렇게까지 안 하셔도 되는데' 하면서 넙죽 받는 것이다. 상대방이 내게 잘해 주는 것은 상대방이 그러고 싶어서 그런 것이다. 내가 먼저 그렇게 요구한 것이 아니면 거기에 결초보은結草報恩의 의무감을 가질 필요도 없고, 굳이 거절할 이유도 없다. 상대가 잘해 주는 것이, 순수한 선의이거나 관계 진전의 의도가 아닌, 노골적 목적 때문이라면 그 관계는 건강하지 못한 것이다. 잘해 주는 것이 독이 돼 돌아올 수 있다. 상대가 내게 잘해 주면서 어떤 대가를 바라는 것 같다, 잘해 주는 것이 과하고 거슬린다 싶으면 딱 부러지게 거절해야 한다. '죄송합니다' 하고 받은 걸 되돌려주거나, '다음부터는 받지 않겠다'고 말한다.

7) 남자의 잘난 척에 무대응하기

맞장구를 쳐 줄 필요도 없고 빈정댈 필요도 없다. 당신은 그저 잘난 척에 관심이 없을 뿐이다. 잘난 척이 귀여우면 얼굴을 보며 웃어 주면 되고, 잘난 척이 거슬리면 시선을 피한 채 살짝 미소를 지으면 된다. 직접 코멘트 하지 않는 것이 최선이다. 내 반응을 보고 남자가 스스로 알아차리게 해야 한다.

8) 기분 나쁠 때 딴청 피우기

불쾌한 말을 들었을 때도 비슷하다. 시선을 돌리고 딴청을 피운다. '나는 그 따위 말에 공감할 수 없다'는 태도를 보임으로써 남자 스스로 알아차리게 하는 것이다. 사소한 데 흥분하면 안 된다. 별것 아닌 것에 불쾌하다고 맞대응 하면 여자에게 불리하게 작용한다. 말하는 것이 도를 넘었다, 이건 좀 너무하다, 도저히 참고 넘어갈 수 없다 싶으면, '말 좀 가려 하세요!' 내지는 '말을 왜 그런 식으로 해요?' 이렇게 딱 한마디 쏘아붙이고 벌떡 일어나 나가 버린다. 기분 나쁘다고 남자를 붙들고 야단치거나 훈계해서는 안 된다. 기분이 몹시 나쁜데도 안 그런 척 참는 건 더 나쁘다. 내가 기분 나쁘다는 걸 짧고 간결하게, 화끈하게 표현하는 것이 중요하다. 말이 차마 입 밖에 나오지 않으면 자리를 말없이 박차고 나가 버리는 것도 효과적이다. 이렇게 하면 남자는 헤어진 뒤에도 기억하게 된다. '그 여자 성깔 있는데 그래서 더 매력적이다'라고 느낀다.

7. 관계 초연

인간관계는 역설적이다. 아무 관계도 아니라고 생각할수록 더 깊은 관계가 되는 경우가 많다. 세상에는 잘하려고 할수록 안 되는 것들이 많다. 글쓰기, 음악, 미술, 스포츠, 무용 같은 것들뿐만 아니라 심지어 대단한 연설이나 발표가 아닌, 일상에서 그냥 말하는 것조차도, 잘하려고 할수록 잘 안 된다. 남녀 관계는 더 그렇다. 계획을 세워 잘하려고 하면 망한다. 왜냐하면 그럴수록 매력이 없기 때문이다.

매력은 자연발생적이라, 인위를 가하는 순간 연기처럼 사라져 버린다. 계획을 버리고 생각을 비운다. 글을 쓰든, 말을 하든, 음악을 하든, 스포츠를 하든 모두 마찬가지다. 하는 동안에는 생각하지 말아야 한다. 잘하려 하지 말고 즐겨야 한다. 연애의 자연스러움은 '우린 아무 관계도 아니다'라는 인식에서 출발한다. '우린 그저 만나서 즐거운 관계'라고 생각하면 기대도 집착도 하지 않게 된다. 연애가 자연스러워질수록 더 깊은 관계로 발전한다. '우리는 아무 관계도 아니며, 뭔가 주고받는 사이도 아니다'라고 머릿속에 못박는다. '카르페 디엠 Carpe diem' 현재를 즐겨라, 우린 그냥 만나면 즐거운 사이, 이 모토에 가까운 사람이 연애의 승자다. '내가 이만큼 줬으니 나도 이만큼 받아야 한다' 따위 등가 원칙에 집착하는 사람이 연애의 패배자다. 전자는 누구와 만나도 행복할 수 있지만, 후자는 누구와 만나도 불행의 굴레에서 벗어나지 못한다.

상대에게 잘해 주지도 말고, 상대가 잘해 주길 기대하지도 않는다. 서로 아무것도 기대하지 않는 게 핵심이다. 같이 있어 즐거우면 그걸로 이미 차고 넘친다. 남자를 즐겁게 해 주지 못하기 때문에 자꾸 잘해 주고 싶고, 자꾸 연락하고 싶고, 자꾸 확인하고 싶어 안달이 난다. 애당초 매력이 없기 때문이다. 애당초 매력이 없으니 그렇게 남자를 들볶다가 그나마 조금 남은 호감마저 잃는다.

정 남자에 대한 미련과 집착을 끊을 수 없다면,

1) 관계를 한동안 단절하거나,

2) 다른 남자를 동시에 만나는 것이 최선이다.

미련과 집착에 빠진 상태에서 남자를 만나면 필연적으로 기대를 하게 된다. 기대하고, 기대고, 닦달하고, 조바심 내다가 남자를 질리게 만든다. 관계가 애매해서 집착이 생긴다면, 애초에 2명 이상의 남자를 동시에 만나 보는 것이 매력을 강화하는 최선의 전략일 수 있다. 루 살로메가 가장 인기 좋았던 때는 솔로였을 때가 아니라 3명의 남자를 동시에 만나고 있었을 때였다. 여자는 한 남자에 집중하지 못하고 다른 데 눈을 팔수록 매력적으로 보인다. 왜냐하면 집착에서 벗어나기 때문이다. 대범하고 자연스러워지기 때문이다. 다른 남자를 만나든, 회사 일에 몰두하든, 취미 생활을 하든, 운동을 하든, 다른 데 정신을 팔수록, 무언가에 몰두할수록 여자의 활기는 더해지고 자연스러움은 배가된다.

이것저것 다 실패했을 경우, '우린 아무 관계도 아니다'라는 생각이 도저히 머릿속에 주입되지 않을 경우, 관계 중단이 답이다. 미련과 집착에 빠져 남자에게 기대하고, 기대고, 닦달하고, 조바심이 나는 까닭은 마음에 병이 들었기 때문이다. 이 병을 치료하는 유일한 방법은 관계를 끊고 남자를 포기하는 것뿐이다.

영화 「사관과 신사」에 좋은 예시가 나온다. 여주인공 폴라는 사관생도인 잭과 '하룻밤의 연인' 관계였으나, 폴라가 집착을 보이자 무정한 남자 잭은 즉시 연락을 끊고 잠수를 탄다. 마음이 급해진 폴라는 잭이 연락을 받지 않는다며 직접 찾아가겠다고 울며 불며 뛰쳐나간다. 이때 폴라의 엄마가 폴라를 붙잡고 이렇게 말한다. '네가 그 남자에게 매달릴수록 남자는 더 마음이 떠난다. 그러면 넌 더 남자에게 매달리게 되겠지. 그리고 비참하게 버림받는다. 나처럼.' 폴라는 엄마의 말대로 관계를 포기한다. 그리고 잭에게 의연해진다. 집착하는 여자 폴라에게 거부감을 느꼈던 잭은 갑자기 대범해진 폴라에게 반전 매력을 느낀다.

8. 찌르기와 빠지기

모든 연애의 고통은 어정쩡한 자세에서 비롯된다. 잘해 보고 싶은데 실망할까 봐, 좌절할까 봐, 상처받을까 봐, 겁을 먹고 이러지도 저러지도 못하면 연애는 망할 수밖에 없다. 운 좋게 관계가 맺어지더라도 불행할 수밖에 없다. 세상 모든 일이 그렇다. 일할 때 확실히 하고 놀 때 확실히 놀아야 생산성이 오른다. 사업을 하려면 잘할 수 있는 것, 확실한 것 딱 하나만 골라 집중해야 성공한다. 전쟁을 할 때도 전력을 한곳에 모아 확실하게 한 방을 찔러야 승리한다. 연애도 그렇다. 찌를 때 확실하게 찌르고, 물러설 때 확실하게 물러서야 한다. 그래야 성공 확률이 높아진다. 성공하지 못해도 최소한 연애 때문에 고통 겪을 일은 줄어든다.

─ 남자가 마음에 든다 싶으면, 앞서 설명한 대로 남자의 호감도를 판단한 뒤, 확실하게 찌르는 것이 가장 좋은 방법이다. '저랑 데이트 하실래요?'

— 만날 때는 시간은 합의하되, 장소는 내 마음대로 정한
  다. (상대가 특별히 원하는 게 없으면) 방문지도, 식사 메뉴도
  내 마음대로 고른다. 적극적으로 자신의 의견을 내야
  한다. 상대방 기분 나쁘지 않게, 내가 싫은 것은 정중하
  게 거절하고 대안을 제시해야 한다.

— 헤어질 시간도 여자가 정한다. 헤어질 때를 정하는 것
  은 관계를 주도하기 위한 가장 좋은 방법이다. 아무리
  남자가 더 같이 있고 싶어도, 아무리 분위기가 좋아도
  정해진 시간에 칼같이 일어나 가 버린다. 정해 놓은 시
  간이 되지 않았더라도, 지루하거나, 피곤하거나, 말이
  끊어지고 어색하다 싶으면 주저 없이 다음에 보자고
  일어나 버린다.

— 남자와 만나고 헤어질 때 아쉬우면 전화번호를 찍어
  주며 연락하시라고 두 눈 똑바로 쳐다보며 말한다. 남자
  반응이 어정쩡하거나 만나자는 말이 없으면 '그 새끼 틀
  림없이 발기부전에 조루일 거야'라고 잊어버린다.

— 만난 지 얼마 되지 않은 사이에 성적인 요구를 할 때는
  매몰차게 거절한다. 밤 늦게 술 한 잔 하자고 하거나,
  모텔에 가자고 하거나, 어딜 만져 보고 싶다고 하거나,
  그러면 눈곱만큼의 여지도 남기지 말고 거절하고 등을
  돌려야 한다.

확실히 찌르고 확실히 빠지는 전략은 관계를 주도하기 위함이다. 찌를 때부터 관계의 주도권은 내가 가진다고 생각한다. 내가 만나고 싶으니까 만나는 것이고, 내가 만나기 싫으니까 만나지 않는 것이다. 이렇게 처음부터 끝까지 줄곧 일관된, '이 관계는 내가 결정하고 내 맘대로 한다'는 태도를 유지한다.

'찌를 때 확실히 찌르라'는 건 미련을 남기지 않기 위함이기도 하다. 나중에 '이렇게 할걸 그랬나' 식의 한심하고 구질구질한 후회를 남기지 않기 위함이다. 그래서 '다음에 또 봐요' 같은 무의미한 말은 필요 없는 것이다. '우리 언제 봐요?', '이 번호로 연락하세요' 이런 화법이 여자에게 훨씬 유리하다. 이만큼 했으면 된 것이다. 할 만큼 했으니 더 이상 후회도 미련도 없는 것이다.

반응이 없으면 확실하게 낚싯대 거두고 철수한다. '기다리는 자에게 복이 온다'는 말은 매력 없는 불행한 인생들에게 어울리는 조언이다. 남자는 이진법의 생명체다. 좋다 아니면 싫다. 한다 아니면 안 한다. 그게 전부다. 낚싯대 미끼를 물지 않으면 남자는 여자에게 아무 관심 없는 것이다. 낚싯대 거둔 뒤 어느 날 갑자기 연락이 오더라도 절대 그동안 서운했다거나 실망했다는 티를 내서는 안 된다. 그저 '어머 어인 일이십니까?' 약간 놀라는 척이 최선이다. 왜냐하면 둘은 처음부터 아무 관계도 아니었기 때문이다. 당신은 처음부터 '오는 남자 안 막고 가는 남자 안 잡는' 쿨한 여자였기 때문이다.

연락을 주고받는 관계로 발전했을 때가 문제다. 이때부터 연락에 집착해서 관계가 망하기 때문이다. 남자의 연락만 하염없이 기다리지 말고, 목 마른 놈이 우물 판다고, 본인이 필요하면 본인이 먼저 연락한다. 용무가 있는 척하지 말고 그냥 '연락하고 싶어서 연락했다, 보고 싶지 않느냐, 우리 언제 볼까' 이런 식으로 가감 없는 직설법을 구사한다. 연락은 절대로 의무감에서, 불안감에서 하면 안 된다. 시간 정해 놓고 해도 안 되고 남자에게 뭔가 아쉬워서 연락해도 안 된다. 연락 강박증은 매력도 망하고 관계도 망하는 지름길이다. 여자가 남자에게 연락할 때는 다음의 철칙에 따라야 한다.

— **연락해도 될 때**: 기분 좋을 때, 정말 연락하고 싶을 때, 연락하는 것에 아무 부담도 걱정도 없을 때.
— **연락 절대 하지 말아야 할 때**: 왠지 연락을 해야 할 것 같을 때, 연락이 없어 조바심 날 때, 연락이 긴장되고 부담되고 몸이 무거워질 때.

절대로, 어떤 경우에도, 남자에게 연락을 강요하거나 부추겨서는 안 된다. 남자에게 연락을 강제하는 순간 관계는 망한다. 개에게 물을 먹이는 것과 같다. 물을 억지로 먹이면 개는 도망을 가거나 주인을 문다. 개가 스스로 물 먹을 때까지 그냥 둬야 한다. 물을 안 먹으면 '물 먹기 싫으면 먹지 말고 목 말라 죽든가 말든가' 방관하는 자세로 전환한다. 남자가 싫어 하는 것 중 첫 번째가 자존심 상하는 일이고, 두 번째가 인생 간섭이다. 남자에게 연락을 강요하면 당신은 남자의 인생을 간섭하는 것이다. 인생을 간섭당한 남자는 도망가거나 여자를 문다.

9. 감질나게 하기 Tantalizing

매력을 강화/유지하는 최선의 방법은 남자를 감질나게, 애타게 만드는 것이다. 남자에게 기대하지도, 기대지도, 닦달 하지도, 조바심 내지도, 귀찮게도 하지 않으면서 남자를 안달 복달하게 만드는 것이 핵심이다.

감질나게 하기 기술의 첫 번째 핵심은 '네 인생 내 인생 따로 사는 것'이다. 사귀기 전에는 당연한 말이지만, 일단 사귀고 나면 여자들은 흔히 남자의 인생을 자기 인생에 억지로 끼워 넣으려 한다. 남자가 항상 자기를 생각해야 하고, 항상 연락해야 하고, 항상 시간을 함께 보내야 한다고 생각한다. 여자가 이런 생각을 갖고 있으면 남자는 시간이 갈수록 관계에

염증을 느낀다. 매력을 느끼는 게 아니라 거부감을 느낀다.

두 번째 핵심은 기대감을 심어 주는 것이다. 해 줄 듯 말 듯 기대를 충족시켜 주지 않아야 한다. 나는 상대에게 기대하는 것이 없는데, 상대는 내게 뭔가 기대하면 그 관계는 내게 압도적으로 유리해진다. 성적 기대감이 대표적이다. '너도 나를 어떻게 해 보고 싶겠지.' 여자가 남자에게 성적 기대감을 품어도 남자에게 성적 기대감을 심어 줄 수 있다고 했다. 성적 암시를 던지는 것도 좋은 방법이다. 남자의 취향을 물어보거나, 자신의 경험을 얘기하거나. 성적으로 개방적인 것처럼 보이는 것이다. 예를 들면 '남자는 어떤 것에 흥분하느냐'고 묻거나, '나도 야한 거 좋아한다'거나. 그런 대화를 나누다 보면 남자는 여자에 대한 성적 기대감이 부풀어 오른다.

그러면서 아무것도 해 주지 않아야 한다. 뭐든 해 줄 것처럼 해 놓고 해 주지 않는 것이 핵심이다. 스킨십을 활용하는 것도 방법이다. 한계선을 정해 놓는 것이다. 스킨십이 한계선을 넘으면 '안녕' 하고 벌떡 일어나 집에 가 버려야 남자의 아쉬움을 자극할 수 있다. 최악은 어정쩡하게 대응하는 것이다. 스킨십이 선을 넘어도 말로만 왜 이래 하면서 뿌리치지 않고 애매하게 거부하는 것이다. 이러면 남자는 여자에게 기대감이나 아쉬움이 아닌 '내 맘대로 해도 될 것 같다'는 그릇된 욕구를 품는다. 남자에게 쉬워 보이지 않는 것이 중요하다. '이 여자는 내 것' 혹은 '내 마음대로 할 수 있는 여자'라는 생각을 처음부터 하지 못하게 해야 한다. 말로만 문란한 척하고 행동은 그렇지 않으면 남자는 허튼 생각을 품지 못한다. 말은 요부인 척하고 실제 행동은 군인처럼 칼 같으면 남자는 경외감을 느낀다. 성적 기대감은 유지한 채 여자를 우러러보게 된다.

감질나게 하기 전략의 핵심은 다음 2가지다.

1) 몸을 주지 않음.
2) 마음을 주지 않음.

1번은 지금까지 설명한 대로다. 누구나 쉽게 할 수 있다. 단지 남자에게 물리적 성적 행위를 허용하지 않으면 되는 것이다. 하지만 2번은 쉽지 않다. 물리적인 게 아니라 정신적인 것이기 때문이다. 남자가 여자를 정신적으로 소유하지 못하게 하는 것이다. 성적 행위를 허용하더라도 절대로 여자의 마음을 얻었다는 느낌을 주지 않는 것이다.

무라카미 하루키의 소설 『노르웨이의 숲(상실의 시대)』에 등장하는 여주인공 나오코가 좋은 예다. 주인공 친구의 여자친구였던 나오코는 남자친구가 죽은 뒤 주인공과 사귈 듯 안 사귈 듯 묘한 관계를 유지한다. 항상 어딘가 정신이 딴 데 팔려있는 듯한, 안개 낀 숲을 혼자 방황하는 듯한 모습의 나오코는 주인공이 해 달라는 대로 섹스도 해 주고 수음도 해 준다. 하지만 정작 마음은 주지 않는다. 사귀자는 말도, 좋아하느냐의 말도 전부 씹어 버리고 자신만의 세계에 산다. 주인공은 자신과의 관계에 관심이 없는 나오코에게 미칠 듯한 미움과 질투, 욕정과 사랑을 느낀다.

마음을 주지 않는 여자. 소유할 수 없는 여자. 아무리 사랑해도 받아 주지 않는 여자. 나오코는 허구의 캐릭터지만 현실에 존재하는 캐릭터다. 얼마든지 흉내 낼 수 있는 존재다. 다음 특징을 따라 하면 된다. 남자의 성적 접근을 허용하든 안 하든, 절대 소유할 수 없는 여자가 되는 것이다. 남자를 감질나 미치게 하는 매력의 화신이 되는 것이다.

— 좋아하는 것처럼 바라보고, 좋아하는 것처럼 행동하면서, 절대로 좋아한다고 말하지 않는다. 남자가 좋아하느냐고 물어보더라도 곧이곧대로 대답하지 않는다. 남자에게 아무것도 고백하지 않고 아무것도 솔직하게 말하지 않는다.

— 마찬가지로, 남자에게 나를 좋아하느냐, 나에 대해 (우리 관계에 대해) 어떻게 생각하느냐 따위 질문을 절대 하지 않는다. 그런 것에 궁금해하지도 않고 관심도 없는 척한다.

— 남자의 말에 공감하거나 동조하지 않는다. 잘 들어 주

기만 하면 된다.

— 항상 뭔가 다른 생각에 빠진 것처럼, 다른 것에 관심을 가진 것처럼 보인다. 남자 꽁무니만 따라다니는 애완견 같은 여자가 아니라, 자기만의 세계가 있는 여자로 보여야 한다. 가만히 앉아 딴 생각에 잠기거나, 쓸데없는 (대답하기 싫은) 말은 가볍게 씹어 주거나, 갑자기 엉뚱한 게 생각나 물어보거나, 같이 걸어가다가 제멋대로 멈춰서 쇼윈도를 구경하거나.

— '우리 관계가 앞으로 어찌 되든 상관없다'는 태도를 보인다. 관계의 미래는 장담할 수 없으며, 아무것도 확신할 수 없다는 생각을 흘리고 다닌다.

— '우린 언제든 헤어질 수 있으며 우리 서로 다른 사람을 만날 수 있다' 이 생각이 가장 중요하다. 관계에 대한 미련도 집착도 없는 것이다. 관계의 미래에 관심이 없는 것이다. 이런 태도가 여자를 '소유할 수 없는 여자'로 만든다.

어차피 이 남자와 나는 서로 남남이며 나중에 어떻게 되든 서로 각자의 인생을 사는 것뿐이라고 자기 세뇌해야 한다. 그래야 남자가 결코 소유할 수 없는, 애간장 태우며 쫓아 다니는 매력을 얻는다.

혹시나 남자가 알 수 없는 이유로 (혹은 지나친 애간장 스킬로)

여자에게 마음이 식어 버렸다면 다음 방법을 사용하는 것이 효과적이다. 이른바, 식은 남자 마음 되돌리는 법이다.

— 남자가 마음이 식었거나, 삐쳤거나, 관계에 지쳤거나, 어떤 경우에도 절대로 남자에게 '사실은 좋아하니까 다시 사귀자'고 말해서는 안 된다. 어떤 경우에도 절대로 남자에게 감정으로 읍소하거나, 미안해하거나, 굽히고 들어가면 안 된다. 문자 공세, 선물 공세, 느닷없이 잘해 주기 같은 방법들도 당연히 통하지 않는다. 그래 봐야 망신만 당하거나, 아니면 남자에게 질질 끌려다니는 관계를 유지하다가 결국 이별을 당하게 된다.

— 남자가 마음이 식었을 때는 다시 성적 기대감을 심어 주는 것이 최선이다. 남자의 성욕은 관계를 달리게 하는 '시동 장치' 같다. 시동이 꺼졌으면 시동을 다시 걸어 줄 수 있다.

— 매일 보던 여자가 어느 날 갑자기 완전히 다른 모습을 하고 나가면 남자의 본능은 여자를 '다른 여자'로 인식한다. 그래서 다시 성욕에 불이 붙고 관계가 새로 시작될 수 있다. 복장이나 헤어스타일을 바꿀 때는 되도록 드라마틱하게 바꾸어야 한다. 긴 머리는 단발머리로, 청바지 차림은 정장 스타일로. 이런 식으로 예전 느낌

이 거의 나지 않게 완전히 바꿔야 남자 몸이 반응한다. 헤어스타일, 화장, 옷차림, 이 3종 세트를 한꺼번에 다 바꾸는 것이 제일 좋다. 하지만 스스로 어색하게 느끼거나 기껏 바꾼 모습이 본인과 안 어울리면 역효과가 나기 마련이다. 고민스럽다면 가장 자신 있는 스타일 하나만 완벽하게 바꾸는 것이 바람직하다.

— 외양을 바꾸는 것이 가장 쉽긴 하지만 말투나 행동에 변화를 주는 것도 효과가 있다. 지금까지의 말투와 행동을 반대로 바꿔 본다. 명랑하고 들뜬 분위기였다면 차분하고 진중한 모습으로, 조용하고 신중한 분위기였다면 조금이라도 활달하고 생기 있는 모습으로, 콧대 높고 도도한 분위기였다면 양순하고 나긋나긋한 모습으로.

— 어떤 경우에도 설득하거나, 구걸하거나, 맞춰 주거나, 고백해서는 안 된다. 남자가 자진해서 끌려오도록 해야 한다. 끌려오지 않을 경우, 남자가 어떤 성적 관심도 보이지 않고 어떤 심리적 동요도 일으키지 않을 경우 다른 방법을 써도 마찬가지니 쿨하고 깔끔하게 관계를 정리한다.

10. 관계는 여자가 결정

여자가 연애를 할 때 가져야 할 믿음, 신념, 확신이 있다: 암컷이 수컷을 선택한다는 것. 곤충에서 영장류까지 지구상 모든 동물은 암컷이 수컷을 선택한다. 몸에 새끼를 배는 건 수컷이 아닌 암컷이기 때문이다. 암컷이 수컷을 고르는 것은 대자연이 부여한 권한이자 책임이다. 인간도 그렇다. 법과 질서가 확립되지 않은 원시 시대 부족 사회에서도 여자는 남자를 선택해 왔으며, 현대 문명사회에서는 그런 권한이 더 강력히 보장된다.

여자가 남자를 택하고, 섹스를 결정하고, 관계를 유지하거나 청산하는 것이다. 여자는 어떤 경우에도, 어떤 남자를 만나도 '선택받는다'는 생각을 해서는 안 된다. 어떤 남자를 만나든 선택권은 여자에게 있다는 사실을 뼈에 새겨야 한다. 이것만으로도 여자의 매력은 2배 강화된다.

남자 선택권의 위력은 관계 청산에서 발휘된다. 남자가 마음에 들지 않는다면 관계를 청산하는 것이다. 이것만 잘해도 여자의 매력은 또 2배 강화된다. 여자는 남자가 마음에 들지 않으면 버리면 된다. 남자가 마음에 들지 않으면 헤어지고 다른 남자를 선택하면 된다. 이 당연한 권리를 행사하지 못하는 까닭은 불안하기 때문이다. 자신이 먼저 남자를 선택할 생각을 하지 못하고 남자의 선택에 매달리기 때문이다. 남자의 선택에 매달리기 때문에 남자에게 불필요한 하소연과 훈계를 늘어놓고, 이 때문에 남자는 여자에게 매력을 잃고 거부감을 느낀다.

남자가 마음에 들지 않으면 '이 관계를 지속할 이유가 있는지' 생각해 본다. 선택권은 여자인 내게 있으니 내가 결정하면 된다. 지체하지 말고, 고민하지 말고, 되도록 빨리 결정을 내린다.

1) 관계를 더 이상 지속할 이유가 없는 경우

아무 말 없이 다른 남자를 알아보면 된다. 이때 굳이 남자에게 죄송하다 헤어지자 집어치우자 말할 필요 없다. 그냥 관계를 느슨하게, 멀리, 냉랭하게 유지한다고 생각한다. 남자든 여자든 정신이 건강하면 굳이 헤어지자는 말하지 않는다. 대신 조용히 행동한다. 상대 앞에서는 아무렇지 않은 척 아무 일 없는 척 실실 웃으며 천천히 느긋하게 관계를 멀리하거나, 어린아이가 장난감 버리듯 어느 날 갑자기 관계를 끊어 버린다.

2) 관계를 지속할 이유가 있을 경우

문제가 되는 부분만 콕 집어 '그건 아닌 것 같다, 마음에 들지 않는다, 그러지 않는 것이 좋겠다'고 완곡하게, 하지만 분명하게 이야기를 한다. 아무 일 아닌 척 대충대충 이야기하지 말고 의사가 확실히 전달되도록 짧고 강하게 말한다. 이때 두 눈을 똑바로 쳐다보며 이야기하는 것이 좋다. 말은 짧게, 시선은 길게. 이것이 원칙이다. 그럴수록 메시지가 확실히 전달된다. 2번까지는 반복해서 이야기해도 되지만, 3번 이상 반복될 경우 이 남자와 더 이상 말이 통하지 않으며 개선의 여지도 없는 것으로 간주해야 한다. 물론 이때도 절대 헤어지자고 공갈 협박하거나 하소연해서는 안 된다. 그냥 '저 사람과 나는 맞지 않으니 나는 저 사람을 선택하지 않겠다'고 생각하는 것이다.

만약 남자의 선택으로 관계가 깨졌거나, 혹은 여자의 잘못된 판단으로 관계가 소원해졌을 경우, 이때는 더 이상 여자의 선택권이 의미 없다. 이런 경우 관계 개선의 가능성은 순전히 남자의 성욕에 달려 있다. 남자가 아직 여자에게 성욕이 남아 있다면 관계 개선을 기대할 수 있다. 하지만 남자에게 성적 욕구가 (전혀) 남아 있지 않은 경우 여자가 아무리 노력해도 관계는 회복되기 어렵다.

남자에게 아직 여자에 대한 성적 흥미가 남아 있을 경우, 여자는 남자에게 연락을 해 볼 수 있다. 아무렇지 않게 안부를 묻듯 연락해서 반응을 본다. 반응이 반갑다 기쁘다 기대에 찬 듯하다 싶으면 다시 만나면 된다. 하지만 반응이 시시하다 무뚝뚝하다 관심 없는 듯하다 싶으면 '이놈은 선택받을 자격이 없는 놈이다' 생각하고 관심을 끊는다.

특히 아래의 경우 관계 개선의 가능성이 높지 않으며, 설사 관계를 다시 시작한다 하더라도 90% 이상의 확률로 같은 이별 엔딩을 보게 되니 깨끗이 포기하는 것이 바람직하다.

1) 남자가 먼저 헤어지자고 한 경우
2) 남자가 충동적 행동을 보인 경우(폭력, 주사 등)
3) 여자의 고질적인 감정적 행동으로 남자가 질린 경우
4) 여자가 남자의 자존심을 짓밟은 경우
5) 집안 문제, 부모님 문제로 헤어진 경우

자신을 함부로 대하는 사람은
결국 타인에게도 그렇게 대한다.

나 자신을 소중히 여길 때,
다른 사람도 나를 소중히 여긴다.
그게 바로 매력의 본질이다.

매력

필살기

1. 위기의 여자Damsel in distress

남자는 성에 얽매인 동물이다. 남자의 번식 욕구는 생존 욕구보다 더 크다. 많은 남자들이 좋아하는 여자를 위해 기꺼이 목숨 바치는데, 이는 기사도 정신 때문이 아니라, 번식욕 때문에 자기도 모르게 하는 본능적 행동이다. 프로이트가 이야기한 이드Id는 대자연이 부여한 번식에 대한 '의무'였다. 남자와 여자 모두 종에 대한 번식의 의무를 타고난다. 하지만 남자의 경우 이것이 의무를 넘어 생의 목적이 된다. 수백만 년의 세월 동안 경쟁자와의 피비린내 나는 경쟁 끝에 남자는 번식이 단순 욕구가 아닌 행동을 지배하는 유전적 프로그래밍이 되었다. 이 프로그래밍에 의해 남자는 자신의 행복과 존재 가치에 역행하는 행동을 한다. '사랑'이라는 이름으로.

매력은 '생존'의 본능에 기반하지만, 매력 필살기는 '번식'의 본능에 기반한다. 남자는 어떤 식으로든 번식 본능에 지배를 받을 수밖에 없고, 여자는 이를 이용해 원하는 목적을 달성할 수 있다. 매력의 필살기는 이미 무수히 많은 사람들에 의해 증명되었고, 무수히 많은 사람들에 의해 빈번히 활용되고 있다. 이를 가장 쉽게 볼 수 있는 곳이 로맨스물이다. 우리가 영화, 소설, 만화, TV 드라마 등에서 보는 거의 모든 로맨스 작품의 여주인공은 '위기의 여자' 매력 필살기 공식을 따른다.

1) 건강함. 특히 정신적으로 건강함. ('외로워도 슬퍼도 나는 안 울어')
2) 심리적 접근성 높음. (착하고 다정함)
3) 어려운 처지에 처했음. (집이 망해서 남의 집 식모살이 함)

이 비련의 여주인공은 너무 잘난 회장님 아들을 만난다. 회장님 아들은 비련의 여주인공을 천대하다 매력에 푹 빠진다. 잡힐 듯 잡히지 않는 이 감질나는 비련의 여주인공을 위해 자신의 인생을 갖다 바친다. 작품이 끝나면 모두들 '드라마니까 가능한 일이지'라며 현실로 돌아오려 하지만, 이 '위기의 여자' 매력 필살기는 현실에서 실제로 일어나는 일이다.

당신이 '위기의 여자' 공식을 '드라마 같은 얘기'라고 치부하는 동안 현실 세상에선 이 '드라마 얘기'로 무수히 많은 남자들이 어이없이 농락당하고 있다. 앞서 예로 든 에바 페론과 기지마 가나에가 대표적인 사례. 이들이 남자를 유혹하기 위해 쓴 것이 '위기의 여자' 필살기였다. 비련의 여인, 똑똑하고 매력 있으나 가난한 여자 행세를 한 것이다.

꽃뱀Gold digger 짓으로 이익을 얻는 여성들은 한결같이 이 공식을 따른다. '나는 매력적인 여자이고 지금 곤경에 처했다.' 남자는 번식욕에 의해 행동이 결정되는 동물이라고 했다. 남자가 '위기의 여자'에게 빠지는 이유는 '쉬운 성관계'를 기대하기 때문이다. 남자가 위기에 빠진 여자를 구하려고 웃통 벗고 달려가는 이유는 '공짜 섹스'를 기대하기 때문이다. 누구나 공짜에 욕심을 갖지만 남자에게 공짜 섹스는, 단순 욕망이 아닌 생존 본능으로 작용한다. 아무리 금욕적 귀족적 모범적 인생을 살아온 남자라도, 성욕이 존재하는 한, '공짜 섹스 안 하고 말지' 이 생각을 하지 못한다. 그런 생각을 하는 경우는 여자가 매력 없다고 느낄 때뿐, '명백한 공짜 섹스의 기회'가 주어졌다면 남자는 거기에 집착한다. 남자가 집착을 갖기 시작하면 당신은 이미 게임의 승자다. (매력 망치는 행동을 하지 않는다면.)

다음은 '위기의 여자' 전략으로 매력을 얻는 법이다. 주의

사항은 첫째, 당연한 말이지만 결혼하고 싶은 남자, 내 편으로 만들고 싶은 남자에게만 써야 한다. 아무 데나 사용하면 성범죄의 피해자가 될 수 있다. 둘째, 당신을 모르는 남자 앞에서만 써야 한다. 당신이 어떤 여자인지 이미 아는, 즉 당신이 원래 이런 여자가 아니라는 사실을 아는 남자에게는 효과가 없다. 셋째, 평생 유복하게 살아온 여자, 인생에 불우한 구석이 전혀 없는 여자, 결핍도 열등감도 없는 여자는 사용할 수 없다.

1) 접근성을 높인다

'위기의 여자' 매력은 '차가운 도시 여자' 컨셉과 상극이다. 이 매력은 '활달한 시골 처녀' 컨셉에 가깝다. 「들장미 소녀 캔디」를 떠올린다. 캔디는 '위기의 여자' 매력을 위한 최적의 모델이다. (한국어 번역 제목이긴 하지만) '들장미 소녀'인 까닭은 강인한 생명력 때문이다. 가뭄에도, 홍수에도, 병충해에도, 아무리 짓밟혀도 다시 또 꽃을 피우기 때문이다. '들장미 소녀 캔디'는 그런 컨셉이다. 절대로 고귀하고 고결할 수 없는, 외로워도 슬퍼도 절대로 울지 않는, 어디에서도 꿋꿋이 잘 자라는 잡초 같은 이미지다. 이기적이거나 까다로워 보이지 않도록 해야 한다. 이런 모습이 보이면 '위기의 여자' 매력은 끝이다. 까칠하고 도도한 태도는 버린다. 어딘가 모자라 보이는 것이 최선이다. 아는 것이 있으면 아는 척하지 말고 모르는 척한다. 잘 까먹고 덤벙대고 어딘가 텅 비어 보이는 모습을 보이는 것이 좋다. 가끔 정신이 나간 듯 멍한 모습을 보이는 것도 효과적.

2) '비련의 여주인공'을 연기한다

이제 비련의 여주인공 역을 맡는다. 연기를 한다고 생각하지 말고 내가 원래 정말 그런 여주인공 같은 인물이라고 생각한다. 평소 즐겨 봤던 드라마, 영화, 만화 속 여주인공이 나라고 생각한다. 나와 닮은 구석이 있는 여주인공이어야 한다. 아니면 처한 상황이 비슷한 여주인공. 여하간 나를 주인공으로 하는 영화나 드라마 에피소드를 만든다. 에피소드는 드라마의 한 장면(하나의 scene)이다. 내가 경험했던 일들을 한 에피소드씩 친구들에게 수다 떨듯 머릿속에 그린다. 아르바이트를 하는데 남자 손님이 손을 잡았다든가, 집에서 쥐와 눈이 마주쳤다든가, 밤에 취객이 현관문을 때리며 구애를 했다든가, 무시하는 백화점 직원과 싸웠다든가, 지하철/버스에서 개망신을 당했다든가, 실제 있었던 일을 드라마 각색하듯 과장해서 이야기에 살을 붙인다.

'본인을 희화화한 에피소드'여야 한다. 우울한 상황을 유쾌하게 묘사하는 것이 로맨스 드라마의 흥행 포인트다. 그래야 사람들이 매력을 느낀다. 단지 이런 스토리를 머릿속에 담아 두고 있는 것만으로 당신은 이미 매력 필살기를 보유한 것이다. 흔히 '콘텐츠 있는 여자'라고 한다. 콘텐츠 있는 여자가 남자에게 인기 있다고, 근데 콘텐츠 있는 여자가 뭐냐고 물으면 아무도 쉽게 답하지 못한다. 이게 콘텐츠 있는 여자다. 내가 나만의 사연/스토리를 만드는 게 콘텐츠다. 머릿속에 콘텐츠가 가득 차 있으면 사실 여자든 남자든 그냥 매력 있어 보인다. 그냥 아무것도 안 하고 있어도 그냥 뭔가 있어 보인다. 물론 이런 나만의 이야기를 좋아하는 이성 앞에서 꺼내 놓을 수도 있다. 억지로 다짜고짜 시작하지 말고 기회가 되면, 누가 물어보면 그때 말하면 된다. 드라마 속 주인공이 친구에게 자기 처지를 이야기하듯이, 담담하게 꺼내 놓는 것이 좋다.

'위기의 여자' 전략의 핵심은 '여자를 쉽게 가질 수 있을 것 같다'는 느낌을 주는 데 있다. 중요한 건 보호자가 없어야 한다는 점이다. 위기의 여자가 위기의 여자인 까닭은 (지금 눈앞에 이 남자 말고는) 도와줄 사람이 없기 때문이다. 들장미 소녀 캔디가 절세미남들의 열렬한 구애를 받은 이유도 캔디에게 보호자가 없었기 때문이다. 아무도 도와주지 않는 세상 천지 홀로 외로운 처지인 것이 남자들의 번식욕을 자극한 것이다. 멀쩡히 살아 있는 부모님을 없다고 할 수는 없다. '부모님과 사이가 좋지 않아 (혹은 경제 사정이 좋지 않아) 혼자 산다' 이런 상황이라면 말이 된다. 그런 상황에 놓인 당신은 혈혈단신 들판에 홀로 핀 꽃인 것이다. 담담하게 이야기한다. 상황은 그렇지만 난 괜찮아 말투로. 아무리 심각한 얘기도 부끄러움이나 감정 동요 없이 남 얘기하듯 한다.

하지만 반드시 '상황'에 관한 이야기여야 한다. 본인 '자체'에 관한 이야기일 경우, 예를 들어, 학대를 받았다든가, 정신적 문제가 있다든가, 지병이 있다든가, 이런 본인 신체나 마음의 문제를 이야기하면 '위기의 여자' 전략은 바로 끝이다. 매력은 건강이라고 했다. 어디 한 곳이라도 병들었다고 자백하면 당신은 동정심이 아니라 거부감을 얻는다. 혹시 비련의 여주인공 스토리가 아무리 봐도 자연스럽게 꺼내기 어렵고 불편하기만 할 것 같다면 그만둬야 한다. 언제나 자연스러운 대화가 중요하다.

3) 결정적 순간 단호한 태도

'공짜 섹스'에 대한 기대를 갖는다고 했다. 이 말은 역설적이게도, 공짜 섹스를 해 주면 안 된다는 말이다. 왜냐하면 공짜 섹스를 하게 되는 순간, 남자의 기대감은 사라지고 여자에 대한 매력도 끝나기 때문이다. '위기의 여자' 전략에 섹스는 없다. 섹스를 단 한 번이라도 해 주면 남자는 마음이 바뀐다.

밤늦게 술을 마시더라도 섹스의 기회는 절대로 주면 안 된다. 드라마와 다른 점이다. 헐리웃 영화나 드라마에서는 섹스 장면이 자주 등장하는데, 현실에서 이러면 당신은 그저 쉽고 만만한 여자로 전락해 버린다.

결정적 순간 단호해야 한다. 꼭 섹스가 아니라도, 도를 넘는 무례한 태도라든가, 인격을 무시하는 행동이라든가, 용납하기 어려운 상황이 발생하면 단호하게 관계를 끊어 버려야 한다. 그 즉시 다른 남자 알아본다고 생각한다. 상황이 어떻게 되든 당신의 드라마는 계속된다. 현실 속 드라마는 당신이 작가라는 사실을 명심한다. 세상에는 운도, 운명도, 누군가 써 준 각본도 없다. 당신의 드라마는 오직 당신만이 집필 권한을 갖는다. 이 드라마에 해피 엔딩을 원한다면 절대로 남자에게 공짜 섹스의 기대를 충족시켜 주면 안 된다. 결정적 순간 남자의 뻔한 수작에 넘어가지 않아야 한다. 그게 여자의 몸도 지키고 매력도 지키는 법이다.

4) 정신 건강보다 중요한 건 없다

매력 필살기를 진정으로 가능케 하는 건 아름다운 외모도, 절박한 상황도, 능수능란한 말재간도 아니다. 정신 건강이다. '외로워도 슬퍼도 나는 안 울어.' 이 만화 영화 노래 가사는 매력 필살기의 핵심 포인트다. 아무리 어렵고 절박하고 괴로운 상황이 계속되더라도 '난 괜찮아, 괜찮아질 거야'라는 태도를 보여야 매력 필살기가 완성된다. 심지어 몸의 건강이 무너지더라도 정신이 건강하면 그것만으로 매력 필살기가 완성된다. 불치병 걸린 여자가 주인공인 소설, 영화, TV드라마가 그렇게 많은 이유다. 불치병에 걸려 죽어 가면서도 정신은 변함없이 밝고 긍정적인 여자. 자신의 운명에 대해 관심도 연민도 없는 쿨하고 의연한 여자. 이런 여자에 매력을 느끼지 않을 사람은 없다. '그래서 그 여자 어떻게 됐어' 이렇게 매일 생각나서 보고 싶을 정도로 치명적으로 매력적일 수밖에 없다. 다시 말한다. 상황의 어려움을 강조하지 말고, 그럼에도 불구하고 내가 정신적으로 굳건하다는 점을 강조해야 한다. 어떤 일이 닥쳐도, 어떤 상황이 돼도, 여전히 밝고 긍정적인 것처럼 나를 꾸미는 것이 '위기의 여자 매력 필살기'의 핵심이다.

2. 너도 나와 자고 싶겠지

남녀 관계는 번식을 목적으로 한다. 아무리 인간 문명이 야생 자연으로부터 수천 년 멀리 발전해도 인간 생명체의 자연 본성은 퇴화하거나 변형되지 않는다. 남녀 관계의 근본은 지난 수백만 년 동안 그래 왔던 것처럼, 지금도, 앞으로도 영원히 성욕의 지배를 받는다. 그래서 남녀 관계는 다음 이진법에 의해 결정된다.

1) 더 강한 성욕을 느끼는 쪽이 관계에 불리.
2) 더 강한 성적 자극을 주는 쪽이 관계 우위.

여자의 화장과 성형/시술, 그리고 패션이 남자의 성욕을 자극하는 데 초점이 맞춰진 이유다. 하지만 중요한 사실은 성적 자극이 실제론, 외적인 매력보다, '정신적 색기'에 의해 좌우된다는 점이다. 아무리 절세 미녀로 자연스럽게 성형을 해도, 아무리 섹시 충만 패션 복장을 차려 입어도, 내 스스로 섹시하다는 생각이 없으면 매력은 존재하지 않는다.

성적 자극은 남녀 둘이 서로 만나 상호 작용을 하는 데서 시작된다. 사진과 영상만 보고 '첫눈에 반하는' 경우도 있지만, 실제로 관계가 맺어지기 위해서는 서로 직접 만나 상호 작용을 해야 한다. 직접 만나 보면 전혀 몰랐던 새로운 정보를 알게 된다. 그리고 깨닫는다. 사진과 영상이 전부가 아니라는 사실을. 실제로 만나야 관계가 맺어진다. 실제 만났는데 매력을 느끼지 못하면 관계가 맺어지지 않는다. 밥을 먹어야 배가 부르다는 말처럼 당연한 말임에도 사람들은 그래도 여전히 사진과 영상에서 본 것이 전부인 것처럼 착각한다.

사진이나 영상에서 확인할 수 있는 건 단편적인 데다 어느 정도 왜곡된 시각 정보뿐이라고 봐야 한다. 실제로 만나서 사람이 내 앞에서 숨을 쉬고 움직이고 말을 하는 걸 봐야 진짜 매력을 안다. 사람이 숨을 쉬고 움직이고 말을 하는 것에 가장 큰 영향을 미치는 것은 그 사람의 정신, 심리 상태다. 정신이 살아 있으면 숨 쉬고 움직이고 말하는 것도 살아 있고, 정신이 죽어 있으면 숨 쉬고 움직이고 말하는 것도 죽어 있다. 지금껏 이야기한 매력 강좌 내용이 '정신이 살아 있는 법'이었다. 활기, 대담, 자연, 여백과 파격…… 모두 하나의 목적이었다: 정신이 살게 하는 법. 숨 쉬고 움직이고 말하는 것이 살아 있도록 하는 법. 아직 말하지 않은 방법이 하나 더 있다. 바로 믿음이다.

흔히 자신감이라고 말한다. 자신감만 있으면 세상 그 어떤 사람의 환심도 살 수 있다고 한다. 자기 자신을 믿는 것이다. 나에 대한 믿음이 굳건할수록 자신감이 높아지고 상대에게 매력으로 느껴지는 것이다. 하지만 자신감도, 나에 대한 믿음도, 말만 그럴 듯할 뿐, 구체적으로 뭘 말하는 것인지 알기 어렵다.

믿음은 구체적이어야 한다. 나라는 존재에 대한 믿음은 존재하기 어렵다. 구체적이지 않기 때문이다. '세계 평화', '대박 부자', '장수 만세' 같은 허상 혹은 망상이다. '나는 배고프지 않다, 오늘 저녁은 먹지 않아도 괜찮다' 이런 것이 존재 가능한 믿음이다. 이렇게 구체적이어야 믿음의 효과를 얻는다. 믿음이 실제 결과로 나타난다.

성적 자극의 문제도 그렇다. '나는 예쁘다, 섹시하다, 세상 어떤 남자도 꼬실 수 있다' 이런 믿음은 허상에 가깝다. 구체적이지 않기 때문이다. 하지만 '너도 나와 자고 싶겠지' 이 믿음은 구체적이다. '나 자신'을 믿는 게 아니라 '행동'이나 '현상'을 믿는 것이다. '나 자신'은 뭘 가리키는 것인지 알 수 없지만 '행동'은 뭘 가리키는 것인지 특정 가능하다. '나 자신'은 정의가 불가능하지만 사람의 '행동/의도/심리'는 구체적으로 정의가 가능하다. '너도 나와 자고 싶겠지.' 단순하게, 무식하게, 어린아이처럼, 아무 생각도 근거도 없이 그냥 믿을 수 있다. 왜냐하면 구체적이니까. 현실적이니까.

앞서 매력 필살기 도입부에서도 이야기했다. 매력 필살기는 남자의 '번식' 본능에 기반한다고. 남자는 성에 얽매인 동물, 남자에게 번식은 선택 사항이 아닌 대자연이 프로그래밍한 의무라고 했다. 그래서 '공짜 섹스' 이야기를 했다. 남자는 번식의 기회를 절대로 마다할 수 없다는 이야기였다. 기회가 주어지면 자기도 모르게, 이성적 판단과 반대로, 번식을 위한 선택을 한다는 뜻이었다. '너도 나와 자고 싶겠지'는 망상도 아니고 근자감(근거 없는 자신감)도 아닌 것이다. 엄연한 현실인 것이다. 자신감이 아니라 믿음이라고 했다. 나를 믿는 것이 아니라 세상을 믿는 것이다. 내가 예쁘고 섹시하고 어떤 남자도 꼬실 수 있다는 그런 주관적 '느낌'이 아닌 것이다. 대자연의 원리 원칙을 이해하는 것이다. '네가 나와 자고 싶은 건 물이 위에서 아래로 흐르는 것 같은 자연의 이치' 이렇게 생각한다. 이치와 원리를 이해하는 것은 믿음의 중요한 기반이 된다. 원리 원칙 이해하지 못해도 상관없다. 무조건 믿으면 된다. 아무것도 모르고 그냥 믿으면 된다. 그것만으로도 거의 모든 문제가 해결된다.

> 1) 내가 믿으면 그 믿음 하나로 정신이 산다. 믿음이 활기를 자극하는 것이다. 눈빛이 달라지고 숨 쉬고 움직이고 말하는 것이 달라진다.
> 2) 내가 믿으면 상대방이 그 믿음에 동화된다.

대자연이 부여한 인간의 자연 본능 중에는 사회성이 있다. 인간은 사회적 동물, 발톱도 이빨도 빠른 발도 없는 인간은 사회적 협력에 의해 생존해 왔다. 서로에 대한 믿음과 신뢰로 목숨을 부지해 온 것이다. 이 본능이 서로의 심리를 전염시킨다. 서로 전혀 모르는 사이라도 옆 사람이 공포에 떨면 자신도 모르게 자동으로 동일한 심리에 전염된다. 같은 이치로 내 눈앞의 사람이 뭔가를 의심 없이 믿으면 나도 그렇게 믿어 버리는 현상이 발생한다. 처음에 아무리 터무니없는 사실이라도 누군가 정말로 그렇게 한 치의 의심 없이 그렇게 믿으면 그 믿음이 전염되는 것이다. 나도 모르게 그렇게 자동으로 믿어 버리게 되는 것이다.

'너도 나와 자고 싶겠지.' 이 믿음은 인간에게 프로그래밍된 2가지 자연 본능을 자극하는 필살기다. 하나는 남자의 번식 본능. 다른 하나는 인간의 사회적 본능. '저 남자도 나와 섹스하고 싶을 것'이라는 생각만 하고 있어도 남자는 자기도 모르게 그 생각에 '동조'하게 된다. 왜냐하면 인간은 사회적 동물이며, 남자는 번식 본능이 모든 다른 본능을 압도하니까. 사람에 따라, 상황에 따라, 자연 본능의 지배를 받지 않는 경우도 있을 수 있다. 세상은 넓고 인간은 다양하며 삶은 언제나 변수의 연속이다. 그렇다 하더라도 그래도 여전히 남자는 여자의 믿음에 끌린다. 여자가 살아 있음을 느낀다. 맥 빠진 채 눈치만 보는 매력 없는 여자가 아니라, 무언가로 가득 차 있는, 욕망과 에너지로 들끓는 매력적인 대상으로 인식하게 된다. 단지 그런 믿음 하나 때문에 매력을 느끼는 것이다.

더 나아가 보다 구체적인 생각을 한다. 남자가 나의 어느 신체 부위를 탐할지, 남자가 지금 여기서 나를 어떻게 성적으로 대할지, 속으로 대담하고 노골적인 상상을 해 본다. 그 상상이 더 구체적일수록, 더 대담하고 노골적일수록 남자는 더 강렬한 느낌을 받는다. 이유를 모르는 채, 성적 매력을 강하게 느낀다.

'너도 나와 자고 싶겠지' 믿음은 페로몬이다. 곤충은 페로몬으로 다른 개체를 유도한다. 인간은 심리적 동조 능력으로 다른 개체를 내게 유리하게 끌어당길 수 있다. 인간의 페로몬이 곧 믿음인 것이다. 이 믿음에 따라 남자 앞에서의 '성공 확률'이 달라진다. 똑바로 쳐다보지 못할 정도의 압도적 매력의 남자라도 '너도 나와 자고 싶겠지'라는 믿음 하나로 전세를 뒤바꿔 버릴 수 있다.

3. 낚시

문제는 성적 자극이 휘발성이라는 점이다. 아무리 강한 성적 자극을 느껴도 섹스를 한번 하고 나면 (혹은 스킨십 몇 번에도) 더 이상 자극을 느끼지 못하는 경우가 있다. 더 강한 성적 자극일수록 더 휘발성이 강하다. 섹스를 하는 데까지만 도움이 되고 그 이후에는 도움이 되지 않는다. 성적 자극이란 어디까지나 섹스를 위한 유혹의 메커니즘일 뿐, 사람을 오래 붙잡아 두는 작용을 하지는 못한다. 그래서 우리는 밀고 당기는 기술을 익혀야 한다. 남자의 성욕을 채워 주지도 않고, 안 채워 주지도 않는, 이도 저도 아닌 애매모호한 상태로 밀고 당기면서, 섹스라는 낚시 미끼를 활용하는 것이다.

성욕을 더 강하게 느끼는 쪽이 관계에 지고 들어간다고 했다. 하지만 성욕을 더 강하게 느끼더라도 욕구를 통제할 수 있으면 관계에 우위를 차지하게 된다. 아무리 여자가 더 먼저 하고 싶어도, 남자가 먼저 달아오를 때까지, 참는 것이 '낚시'의 전제 조건이다. 성욕을 '표현'하는 건 좋지만, '실천'은 절대로 하지 않는 것이다.

중요하니 다시 정리한다.

1) 해 줄 것처럼 굴지만
2) 해 주지 않는 것이다.

개방적인 여자처럼 보이는 것이 이 매력 필살기의 시작이다. '나는 성욕이 넘치는 여자'인 것처럼 포장만 해도 성공이다. 하지만 실제로 성욕이 넘치는 것도 아니고 섹스에 관심도 없다면 굳이 거짓 연기를 할 필요는 없다. 대신에 자유롭고 개방적인 사고의, '프리 섹스'를 추구하는 자유인인 것처럼 보이면 된다. 공짜 섹스에 대한 판타지를 심어 주는 것이다. 계속 강조하지만 남자는 절대로 공짜 섹스의 유혹에서 벗어날 수 없다. 자신의 코앞에서 공짜 섹스를 제공할 것 같은 여자가 살아 움직이고 있으면 남자는 견딜 수 없을 정도로 흥분한다. 그리고 관계에 매달린다.

남자가 충분히 달아오를 때까지 '입만 놀리는 것'이 중요하다. 해 줄 것처럼 굴다가 안 해 주는 것이 핵심이다. 남자가 섹스에 대한 기대감으로 몸이 벌게질 때까지 입을 놀리고, 기다리고, 참았다가, 남자가 달려들면 은근슬쩍 뒤로 빠진다. 스킨십의 경우 특정 선까지만 받아 준다. 스킨십이 더 깊숙이 들어오거나, 남자가 지나치게 흥분한 것 같으면, 웃으면서 '늦었으니 집에 가자'고 일어난다. 받아 줄 때는 적당히 받아 주고, 웬만큼 받아 준 것 같으면 칼같이 끊는 패턴이다. 이렇게 '결정적인 순간' 과감하게 끊고 헤어지면 남자의 아쉬움은 배가倍加되고, 여자의 매력은 극대화된다. 눈치 보지 않고, 즉흥적으로, 웃으면서, 칼같이 끊고 집에 오는 것이 핵심이다. 칼같이 끊고 집에 오기 전에 가벼운 스킨십으로 성적 암시를 해 주면 여자의 매력은 극대화된다.

남자와 섹스 한번 하고 관계를 끝낼 작정이 아니라면 절대로 여자가 먼저 성관계를 제의해서는 안 된다. 계속 강조하지만, 여자는 섹스로 미끼로 남자를 유혹하고, 섹스를 빌미로 남자를 어장 물고기로 만들어야 한다. 남자를 길들이는 '무기'로 사용해야지, 남자를 위한 '선의의 목적'으로 베풀듯이 사용해서는 안 된다. 남자가 보챈다고 섹스해 주는 '선의의 여자'는 처절하게 버림받거나 불행해진다. 섹스는 여자가 하고 싶을 때만 하는 것이며, 하기 싫은데 남자가 보채면 섹스를 1)

거부하는 대신, 2) 미뤄야 한다.

남자는 성관계를 거절당할 경우, 거의 100% 확률로 자존심에 상처를 받는다. 자존심이 성욕보다 중요하기 때문이며, 특히 테스토스테론 수치가 낮거나 여자 경험이 적은 남자는 자존심의 상처를 극복하지 못하고 관계를 깨기도 한다. 관계를 장기적으로 유지할 가치가 없는 남자면 당연히 이를 빌미로 관계를 버리면 된다. 섹스 안 해 준다고 관계를 깨는 남자는 더 이상 품어 줄 가치가 없다고 판단해야 한다. 하지만 장기적인 관계를 유지하고 싶은 남자일 경우, 성관계를 거절할 때 남자의 자존심이 상하지 않도록 조심할 필요가 있다.

1) 남자의 성욕을 귀엽게 여겨야

남자의 성욕에 반감을 가진 여자, 남자의 성적 행동이 징그럽다, 비위 상한다고 여기는 여자일수록 섹스를 거절할 때 자기도 모르게 남자에게 불쾌감을 주는 경향이 강하다. 섹스를 거절할 때 남자 기분을 상하게 하지 않는 최선의, 가장 기본적인 방책은 남자의 성욕을 여자의 생리처럼 자연스러운 현상으로 받아들이는 것이다. '그래, 남자라면 누구나 그런 법이지, 성욕에 적극적인 건 남자가 건강하다는 증거야' 이렇게 생각을 바꿔야 한다. 그래야 남자에게 거부 의사를 보일 때도 여유 있고 너그러운 모습을 보인다. 여자의 의연하고 자연스러운 거절에 남자는 더 큰 매력을 느낀다. 그리고 무엇보다, '다음에는 허락해 주겠지'라는 더 강한 성적 기대감을 품게 된다.

2) 대답 대신 애무

남자가 섹스를 하자고 할 경우 '별로, 싫은데, 됐다, 다음에 하자, 나중에 얘기하면 안 될까?' 이런 식의 무미건조한 직설적인 대답은 남자의 마음을 식게 만드는 가장 흔한 원인이다. 섹스에 관한 요구를 받으면 여자는 실없이 웃으면서 스킨십을 해 주는 것이 최선이다. 팔이나 등을 쓰다듬어 주면서 대답을 피하거나, '글쎄…… 언제가 좋을까?' 이렇게 돌려 말하면 된다. 중요한 건 절대로 확답하지 않는 것이다. '하긴 할 것 같은데 지금은 아니다' 분위기를 풍기는 것이다. 어떤 식으로든 '(지금은 아니지만) 성관계를 가질 만큼 너에게 충분히 관심이 있다'는 뜻을 전달하는 것이다. 남자의 그런 마음 다 이해하는 자세를 보이는 것이다. 그래야 남자는 상처받지 않고 다음을 기약하게 된다. 설사 그런 이해 따위 없더라도 관계를 지속할 가치가 있는 남자면 그렇게 하는 것이 최선이다. 그래야 남자가 어장 속 물고기로 계속 머물게 된다.

여자도 참기 어려울 정도로 달아올랐거나, 더 이상 참고 기다리고 약 올리는 게 무의미하다는 판단이 들 경우, 합의하에 섹스를 할 수 있다. 이때, 섹스 직후, 곧바로 남자로부터 정을 떼는 것이 필살기다. 말은 쉽다. 하지만 여자에겐 실제로 가장 어려운 필살기다.

여자의 매력을 망치는 위험한 심리 중 하나는 섹스 뒤에 남자에게 매달린다는 점이다. 이는 임신의 가능성을 염두에 둔 본능으로, 임신해서 아이를 키우려면 배우자의 도움이 절실하기 때문이다. 남자는 그렇지 않다. 남자는 한 여자에게 씨를 뿌리면 다른 여자에게도 씨를 뿌리려는 본능을 갖는다. 남자는 한 여자에게 비자발적으로 발목이 잡히는 것을 두려워한다. 더 많은 대상에게 씨를 뿌릴 수 있는 기회를 박탈당하기 때문이다. 섹스 한 번 한 여자와 곧바로 가정을 꾸리고 평생 부양하는 남자도 있을 수 있다. 하지만 오늘 당신과 섹스한 남자는 아니다. 그런 남자를 만날 확률을 기대하는 것은 자멸 행위다. 그간 여기서 수없이 강조한 매력의 진리를 다시 말한다: 여자가 남자로부터 뭔가를 기대하는 순간 매력을 잃는다.

섹스를 하면 반사적으로 관계에 미련을 버려야 한다. 처음부터, 남자와 섹스를 하기로 결심했을 때부터, 여자는 섹스 뒤에 자동반사적으로 관계를 포기한다고 마음먹어야 한다.

결혼 전 남자와 섹스를 한다는 것은 1) 임신과 낙태의 가능성을 염두에 둔다는 것을 의미하며, 2) 그와 동시에 지금 이 관계가 섹스와 함께 끝난다는 사실을 의미한다. 사회적으로, 문화적으로, 생리적으로, 그리고 심리적으로, 결혼 전 남자와의 섹스는 여자에게 압도적으로 불리한 결과를 낳는다. 그래서 여자는 결혼 전 남자에게 섹스를 미끼로만 쓰고 실제 섹스는 해 주지 않는 것이 최선이다. 하지만 굳이 섹스를 해야겠다 싶은 경우, 혹은 불가피한 충동성으로 섹스를 하고야 만 경우, 그 즉시 관계에 대한 미련을 버려야 한다.

남자와 섹스 뒤에는 다음 섹스도 없고 앞으로 다시 만나지도 않을 것처럼 행동한다. 그렇다고 기분이 상했거나 화난 척을 해서는 안 된다. 헤어지기 직전까지 예의 바르고 상냥하게 대해 주다 미련 없이 뒤돌아서 집으로 와 버리면 된다. 그러고는 절대로 연락을 해서는 안 된다. 잘 들어갔냐, 미안했다, 고마웠다, 좋았다, 멋있었다, 등등 감성충만 메시지도 보내지 않는다. 그런 불필요한 온정주의에서 벗어나지 못하기에 여자의 매력이 파괴되고 남자에게 만만한 존재로 전락한다.

남자가 먼저 연락을 해야 한다. 남자가 먼저 연락하지 않으면 그 관계는 그대로 끝나는 것이다. 남자가 섹스 뒤에 연락을 하지 않으면 애당초 여자를 하룻밤의 여자로 본 것이고,

더 이상 관계를 유지할 생각이 원래 없었던 것이다. 이런 상황에서 여자가 먼저 연락을 하면 남자에게 비참한 꼴을 당할 뿐이다. 섹스 뒤에 남자가 먼저 연락을 하지 않으면, 어떤 경우라도, 이 관계는 끝난 것이며, 여자가 혹시라도 다른 이유에서 연락을 해 봐야 험한 꼴 당하고 관계가 끝났다는 확인 사살을 당할 뿐이다. 여자가 남자를 삐치게 만들었거나, 자존심을 상하게 한 경우에도 절대로 여자는 섹스 뒤에 먼저 연락을 해서는 안 된다. 남자가 먼저 연락을 하지 않는다는 것은 어떤 경우에도 이 관계가 재개될 가능성이 0%라는 확증이다.

섹스 뒤 남자가 연락하면 적당히 반갑게 받아 준다. 과거는 이야기하지 말고, 그냥 '나 아직 너한테 관심 있다' 정도만 알게 하면 된다. 섹스는 그저 애들 장난일 뿐, 나는 섹스 때문에 너에게 매달릴 생각도, 결혼해서 애를 낳아 줄 생각도 없다고 생각해야 한다. 섹스했다고 여친이 되는 것도 아니고, 떡고물을 바라는 것도 아니라는 인상을 남자 머릿속에 새겨 넣어야 한다. 절대로 그걸 입으로 말해서는 안 된다. 그냥 그런 생각만 하고 있으면 된다. '너도 나와 자고 싶겠지' 믿음과 동일한 메커니즘이다. 그렇게 생각만 해도 남자는 충분히 알아듣는다.

섹스에 대해, 관계에 대해, 아무 말 하지 않는 것이 핵심이다. 일상이나 사생활, 비즈니스 얘기를 하면 된다. 그냥 무심하면 된다. 아무 일 없었다는 듯, 별일 아니라는 듯, 무덤덤하면 된다. 여자가 섹스 뒤에 무덤덤하게 나오면 남자는 또 몸이 달아오른다. '저 여자 왜 저러지' 궁금증과 호기심, 그리고 신비함이 더해져 여자는, 지속적인 관심의 대상이 된다.

남자를 좋아하는 티를 내는 것은 좋다. 남자에게 언제든 (또) 섹스를 해 줄 것처럼 구는 것이다. 하지만 정작 행동은 그렇게 하지 않는다. 입만 놀리고 행동은 딴청 피우는 것이다. 남자 앞에서 '섹스는 오직 너한테만 해 줄 것', '세상에 내가 좋아하는 남자는 오직 너뿐', '나는 이제 너의 것' 이런 식으로 입을 턴다. 남자 앞에서 마음에도 없는 말을 능숙하게 할수록 여자는 경외와 숭배의 대상이 된다. 거짓말쟁이 사기꾼 세일즈 마케팅의 달인이 됐다고 생각한다. 그리곤 속으로 생각한다: '이 세상에 내가 너 말고도 남자가 수천 명'이라고.

좋아하는 척만 하고 실제로는 남자에게 의존하지 않는 것이다. 입으로는 뭐든 다 해 줄 것처럼 굴고 실제로는 좀처럼 아무것도 해 주지 않는 것이다. 그러면 남자는 깨닫는다. 이 여자는 절대로 자신의 여자가 될 수 없으며 언제든 자신을 떠나 버릴 수 있다는 사실을. 이를 깨달은 남자는 불안감을 느낀다. 관계에 매달리게 된다. 여자의 매력에 몸서리 게 된다.

4. 관계를 버리고 사람에 집중한다

'관계를 버리고 사람에 집중한다'라는 말은 이 『매력이란 무엇인가—사로잡힐 것인가, 사로잡을 것인가』 책 전체 내용의 한 줄 요약이다. 당신이 남자와의 관계에서 행복해지는 최선의 방법이 이 짧은 한 줄에 모두 요약돼 있다. 이 책의 모태인 '매력강좌'에는 지금과 다른 부제목이 있었다. '남자에게 청혼 받는 법'이다. 이 부제목의 아이러니는 당신이 실제로는 남자와 결혼할 생각을 버려야 청혼을 받는다는 사실이다. 당신이 지금까지 '책에 나온 대로 다 했는데 남자가 도망만 가더라'는 식의 경험을 해 왔다면 위 말의 진실을 깨닫지 못한 탓이다. 이제라도 진실에 한 걸음 더 다가가 보자.

1) 관계를 버린다

남자가 성 관계의 동물이라면, 여자는 유대 관계의 동물이다. 남자의 관점에서 여자는 비이성적으로 유대 관계에 목을 맨다. 상대가 나를 좋아하는지 싫어하는지, 내 편인지 남의 편인지, 나와 결혼할 생각이 있는지 없는지. 이런 타인의 감정과 의도에 과도하게 집착한다. 진실을 말하자면, 당신이 상대방의 마음을 헤아릴 재주는 있을지 몰라도 상대방의 감정과 의도를 좌우할 가능성은 없다. 현실적으로 표현하자면 그럴 가능성이 없는 정도가 아니라 역효과만 볼 가능성이 압도적으로 높다. 왜냐하면 당신이 상대방의 감정을 어찌해 보려 할수록 상대의 감정은 당신에게서 쏜살같이 떠나가기 때문이다.

상대방의 감정은 순수하게 상대방의 것이다. 상대의 마음을 좌우하려는 생각은 타인의 존엄성을 인정하지 않겠다는 뜻이다. 우리는 길거리에서 사람을 붙들고서 상품을 강매하려는 사람들을 싫어한다. 개인의 선택권을 존중하지 않기 때문이다. 상대의 감정이나 의도 따위는 상관하지 않고 자신의 이익만을 추구하기 때문이다. 연애를 할 때 상대방에게 나의 감정을 강요하는 행위는 이와 뭐가 다른가 생각해 본다. 타인의 존엄성을 무시하고 선택과 의지를 억압하는 행동이 사랑이고 애정이라면 다단계 판매 방식도 역시 사랑이고 애정일 것이다.

'관계를 버리는 것'은 상대의 선택을 100% 존중해 준다는 마음가짐에서 출발한다. 상대가 나를 좋아하는지 싫어하는지, 내 편인지 다른 편인지, 나와 결혼할 생각이 있는지 없는지, 이는 상대의 사적 권리이며 내가 간섭할 일이 아니다. 남의 사적 권리에는 처음부터 관심을 두지 않는다. 상대가 나를 좋아한다면 그러라 하는 것이고, 상대가 나를 싫어한다면 더 이상 관계를 시도하지 않는 것이다. '우리는 아무 관계도 아니다'라는 생각보다 '나는 관계에 미런이 없다'는 생각이 낫다. 왜냐면 관계는 나와 당신의 선택 문제일 뿐이기 때문이다.

관계는 서로의 선택에 의해 존재했다 사라지는 신기루다. 여기에는 그 어떤 약속도 기대도 보장도 있을 수 없다. 어느 한쪽이 다른 선택을 하면 관계는 사라진다. 더 이상 존재하지 않는 것이다. 타인의 인권/존엄을 존중한다면 관계에 대한 믿음부터 버려야 한다. 당신이 원하는 관계는 장사꾼의 이익을 취하기 위한 이기적 약속과 다를 것이 없다.

지나친 관심, 극진한 대접, 과도한 애정 표현, 잘 보이려 하기, 자기방어, 의존적 자세, 연락에 대한 기대, 강요, 간섭, 하소연, 공감 협박 등 매력을 망치는 최악의 실수들은 모두 관계에 대한 집착에서 비롯된다. 결혼하기 전에는 누구도 자신이 원하는 관계를 강요할 수 없다. '난 당신에게 어떤 관계도 강요하지 않는다, 난 당신으로부터 아무것도 기대하지 않는다.' 이런 태도가 사람을 정신적으로 건강하고 성숙하게 만든다. 이런 태도가 모든 인간관계의 변치 않는 철학이 되어야 한다.

2) 사람에게 집중한다

관계를 버리는 것은 냉소도 무관심도 아니다. 관계에 의

연함은 인간 존중의 최선책이다. 관계에 대한 집착을 인간에 대한 애정으로 착각하면 안 된다. 관계는 허상이고 인간은 실제다. 관계에 집중할수록 인간으로부터 멀어진다. 관계를 위해, 내 이기적 욕구를 위해 인간을 희생하는 것이다. 관계에 의연할수록 인간에 가까워진다. 내 이기적 욕구에서 해방돼 인간을, 허상이 아닌, 실제 인간으로 보는 것이다. 관계를 포기하고 인간을 선택하는 것. 이것이 매력 필살기의 완성이다.

남자를 만나면 곤충기를 쓰는 파브르가 되기로 한다. 남자의 말투, 옷차림, 버릇, 식성, 성격에 대해 세심하게 기억하고 이를 머릿속에 기록한다. 집에서 나만 보는 일기장에 기록해도 된다. 관련 이야기가 나오면 남자에게 지나가듯 언급하는 것도 괜찮다. 미주알고주알 구구절절 이야기하면 편집증으로 의심받을 수 있으니 딱 한마디로 요약해서 언급하면 된다. 그러면 남자는 '이 여자는 다른 여자들과 다른 것 같다'고 기억한다. 그리고 '이 여자 내게 관심이 있나 보다'라는 생각에 우쭐해진다.

눈앞에서는 적극적으로 관심을 보이다 정작 관계에는 아무 미련 없이 헤어지는 것이 중요하다. 관계를 버리고 사람에게 집중하는 전략의 핵심이다. 관계에 아무 미련을 갖지 않는 것이다. 이러면 호기심이 극대화된다. 분명 내게 관심 있었던 것 같은데 관계에는 관심이 없는 것 같으니 궁금해진다. 그러면 내가 관계를 진전해 볼까 욕구가 생긴다. 어쩌면 남자는 한두 달 혹은 일 년 뒤에 연락을 할 수도 있다. 하지만 당신은 이에 대해 아무 감정이 없다. 왜냐하면 당신은 관계에 관심이 없기 때문이다. 관계는 선택에 의한 신기루일 뿐이기 때문이다. 그러니 왜 연락이 없었느냐, 보고 싶었다 등의 인사치레는 필요가 없다. (해서는 안 된다. 왜냐하면 관계에 집착하는 모습으로 보이기 때문이다.) 단지, '나는 당신을 매우 잘 기억하고 있다'는 사실만 알려 주면 된다. 남자가 밥을 먹자고 하거나, 영화를 보자고 하거나, 모두 당신에겐 의미 없는 말일 뿐이다. 남자가 실제로 뭔가 액션을 취하더라도 '다음 번'에 대한 기대는 절대로 갖지 말아야 한다. 남자가 아무리 지금 당장 적극적이어도 내일 자고 일어나면 생각이 바뀔 수 있다. 남자의 마음이 바뀌면 관계는 신기루처럼 사라진다는 생각을 항상 해야 한다. 그리고 이런 '변심'이 절대 드문 일도 이상한 일도 아닌, 자연스러운 현상이라는 사실을 명심해야 한다.

특히, 남자와 성관계를 가진 뒤에 더더욱 이 자세를 고수해야 한다. 여자는 남자와 성관계 뒤에 관계에 집착하는 경우가 많은데 이 반대가 되어야 한다. 남자와 관계 뒤에 여자가 먼저 연락을 끊어야 한다. 섹스 뒤에 냉랭히 연락을 끊는 것은 '관계를 버리는' 행위의 최정점이다. 이 상황이 되면 남자는 대부분 관계에 매우 강한 미련을 느끼게 된다.

누구든, 어떤 경우든, '관계를 버리고 사람에 집중하는' 쪽이 관계의 우위에 선다. 그리고 항상 그쪽에 유리한 방향으로 관계가 전개된다. 관계에서 항상 불행을 겪는 자들은 반대로 한다. 이들은 언제나 사람은 무시하고 관계에 집착한다. 이들은 사람에게 관심이 없다. 사람을 있는 그대로 보지도 못하고, 있는 그대로 받아들이지도 않는다. 대신 상대를 항상 내 관계에 유리한 쪽으로 끼워 맞춘다. 그래서 상대방 일거수일투족에 감정이 일희일비하며 널을 뛴다. 상대의 별 의미 없는 행동에도 호들갑 떨고 불안하고 화가 나고 고통을 겪는다.

들판의 꽃이 예쁘다고 억지로 가져와 심으면 시름시름 앓다 죽는다. 마찬가지로, 사람이 마음에 든다고 관계에 가두면 관계도, 사람의 마음도 시름시름 앓다 죽는다. 사람을 이해하지도, 존중하지 않으면서, 자신이 만들어 놓은 관계에 몰아넣으려는 사람은 세상 누굴 만나도 멸시와 경멸의 대상이 된다. 불법 강매를 하려는 다단계 판매원에게 느끼는 불쾌감을 느끼게 만드는 셈이다.

우리가 인문학을 배우는 까닭은 궁극적으로 사람으로부

터 호감을 얻기 위함이다. 그들로부터 호감을 사서 내가 원하는 것을 얻기 위함이다. 사람의 호감을 사려면 우선 그 사람을 이해해야 한다. 그리고 그 사람의 선택권을 존중해야 한다. 여기에서 신뢰가 쌓이고 호감이 발생한다. 이 신뢰와 호감으로 인해 상대는 굳이 내가 요구하지 않아도 알아서 내게 맞춰 주게 된다. 내가 원하는 것을 기꺼이 주고 싶어 하게 된다. 매력이 완성되는 것이다.

매력적인 사람은 남의 기준에
자신을 맞추지 않는다.

타인의 기대를 의식하는 순간,
당신은 본래의 빛을 잃는다.

당신이 빛나는 방식은
오직 당신이 결정해야 한다.

매력을

최악의

망치는

실수들

다음은 매력 사용법을 잘 모르는 여자들이 가장 흔히 범하는, 매력도 없애고 관계도 망치는 고질적인 실수들이다. 평소 정상적인 사회 생활을 하며 정상적인 인간관계를 꾸려 온 여자들 중에서도, 남자와 사귀는 관계가 되면 여지없이 아래 열거된 어이없는 행동들을 되풀이하는 경우가 있다. 그러면 안 된다는 걸 몰라서 그런 경우도 있지만, 알면서도 그러는 경우가 많다. 마치 본능에 이끌린 것처럼, 사귀는 사이에는 당연히 그래도 되는 것처럼, 매력을 없애는 추한 행동을 반복하는 것이다. 아무리 본능에 의한 행동이라도 '이래선 안 된다'는 사실을 머리로 알고 있어야 한다. 그래야 행동 개선이

가능하다. '이래도 된다, 괜찮다'라고 착각하는 한 인생은 나아지지 않는다. 매번 남자를 만날 때마다 무시당하고 차이고 마는 비극의 도돌이표에서 벗어나지 못한다.

관계 정의

'우리 사귀냐 안 사귀냐' 이 문제를 고민하고 있으면 그 관계는 이미 가망 없는 관계다. 관계를 정의하고 싶어 하는 당신은 이미 매력 싸움에서 진 것이며 상대의 마음을 얻는 데에도 실패한 것이다. 이 상황에서 관계 정의를 요구하면 '확인사살'이 된다. 그나마 갖고 있던 매력도 모두 날아가 버린다. 하지만 지금 당장 결혼이 급한 상황이거나, 여러 명 중 하나를 선택해야 하는 상황일 경우, '우리 무슨 사이냐'고 물어볼수는 있다. (궁금해서, 순수한 호기심에서 물어보는 것도 괜찮다.) 이 경우 절대로 관계를 정의하려는 의도가 있으면 안 된다. 순전히 상대의 의도를 알아야 할 '필요' 때문에 묻는 것이지 절대로 상대에 대한 기대 때문에 관계 정의를 요구해서는 안 된다. 반대로, 상대방이 우리 무슨 관계냐고 묻는다면 '만나면 기분 좋은 관계' 정도로 긍정적으로 말해 줘야 한다. '아무 관계도 아닌데요' 이렇게 말하면 안 된다. 매력은 남을지 몰라도 상대방의 자존심은 사정없이 짓밟힌다. 아직 잘 모르는 관계, 어떻게 될지 모르는 관계, 앞으로 잘되면 좋을 관계, 이 정도로 정의하는 것이 최선이다. 만약 상대방과 꼭 사귀고 싶은 경우에는, 상대방한테서 관계 정의 질문이 들어오면 깜짝 놀라는 척하며 '우리 이미 사귀고 있는 줄 알았는데?', '우리 이미 애인 사이 아니었어?' 이런 식으로 되물으면 된다.

뜬금 고백

관계 정의를 요구하는 것과 동일한 행동이다. 관계가 지지부진하니 먼저 고백해서 관계에 돌파구를 찾으려 한다면 이는 관계에 대한 '확인 사살' 행위인 동시에, 당신을 '정말 매력 없는 여자'로 낙인 찍는 자기 파괴 행위다. 관계의 돌파구는 고백이 아니라 매력이 만든다. 매력을 망치는 인위적 행동, 조급한 질문은 접어 두어야 한다. 아무 말 없이 좋으면 둘은 이미 하늘이 맺어 준 관계다. 고백을 해야만 할 것 같은 관계라면 둘은 이미 잘되기 어려운 관계다. 관계가 잘 안 풀리는 것 같다, 답답하다, 고백하고 싶다, 그럴수록 꾹 참고 매력을 키워야 한다. 처음부터 다시, 천천히, 매력 실전 사용법을 되짚어 본다. 원칙은 간단하다. 불안하면 아무것도 하지 않는 것이다. 불안할수록 더 아무것도 하지 않고 그냥 가만히 있는 것이다. 관계 정의도, 뜬금 고백도 절대 하지 않는다. 불안하면 내가 매력이 없는 것이니 매력을 키우며 나 스스로를 계발한다. 관계 정의든, 뜬금 고백이든, 불안감이 사라지면 그때 한다. 나 자신이 충분히 매력적일 때, 언제든 다른 남자로 갈아탈 수 있을 때, 그런 자신감이 넘칠 때, 그때 하고 싶으면 한다.

연애 규칙

기념일에는 뭘 해 주고 뭘 받아야 하고, 연락은 언제 해야 하고, 같이 있는 동안 뭘 하고 뭘 하지 말아야 하고······.

연애에 규칙을 정하면 관계는 필연적으로 망한다. 이미 여러 번 강조했듯, 인위를 가하면 매력도 망하고 관계도 망한다. 관계에 규칙을 정하는 건 기대와 집착을 의미한다. 본인이 매력도 없고 다른 남자를 사귈 자신도 없으니 이런 무의미한 '규제'에 매달리는 것이다. 정 그렇게 불안하면 사람을 사귀지 말고 개를 키우는 것이 정신 건강에 이롭다. 개에겐 어떤 규칙을 정해도 상관없다. 하지만 사람에게 그러면 사람이 도망간다.

고민 중독, 생각 중독

매력의 중요한 원리가 있다: 생각이 많을수록 매력은 감소하고, 생각이 없을수록 매력은 증가한다는 것이다. 아무것도 하지 않고 고민 먼저 하는 사람일수록 매력이 없다. 이성 친구도 없고 사람들 사이에 인기도 없다. 아무 생각 하지 않고 행동부터 하는 사람이 매력적이다. 이성 친구도 많고 사람들 사이에 인기도 많다. 고민하지 말고 생각하지 말고 일단 저지르는 게 매력이다. 고민이 많아질수록, 생각이 많아질수록, 관계 시작도 어렵고 관계 진전도 되지 않는다. 그리고 무엇보다 다른 사람, 새로운 사람을 만나기 어렵게 만든다. 고민이 없고 생각이 없을수록 관계 시작도 쉽고 관계 진전도 자연스럽다. 그리고 무엇보다 다른 사람, 새로운 사람 만나기가 쉬워진다. 고민하기 전에 저지른다. 고민할 시간을 주지 않고 행동으로 옮긴다. 내가 관계를 주도한다는 생각으로, 아니면 말고, 안 되면 다른 놈 만난다는 생각으로, 대담하게, 과감하게.

앞서 말한 '불안하면 아무것도 하지 말라'는 조언과 상충되는 것 같은데 사실은 같은 얘기다. 생각이 많기 때문에 불안한 것이다. 생각이 없으면 불안하지 않다. 이미 하고 싶은 것 다 했다. 생각이 없는 것이 우선이다. 생각하기 전에 몸을 먼저 움직이는 것이다. 그러다 생각이 많아지고 불안감이 도지면 멈추는 것이다. 아무것도 하지 말고 가만 있는 것이다. 생각과 고민과 불안은 빨간 신호등이다. 신호등에 빨간불이 들어오기 전에 움직이는 것이다. 빨간불이 들어오면 그때 멈추는 것이다. 그래야 생각도 고민도 덜 하게 된다.

남자 심리 분석

남자 심리 분석은 가장 많은 여자들이 범하는 고질적인 매력 파괴 행위다. 여자는 남자에게 마음이 갈수록 남자의 마음에 매달린다. 남자가 왜 그런 말을 했는지, 왜 그런 행동을 했는지, 그게 뭘 의미하는지, 날 좋아하는 건지 싫어하는 건지, 남자의 생각과 의도를 되새기며 밤낮을 고민하다 관계를 망친다. 남자 심리 분석은 고민 중독의 최악 사례다. 그냥 매력 없는 게 아니라 혐오감을 사기 때문이다. 남자 심리 분석을 하는 순간 여자는 남자 눈치를 보게 된다. 자기도 모르는 새 매력을 깨는 행동을 한다. 남자의 반응에 목을 매고, 조그만 실수에도 공격적으로 나오며, 조금만 소홀해도 미친 듯 의심하게 된다. 사실은 별것 아닌데, 실제론 신경 쓸 필요 없는데, 이해할 수 없는 행동에 집착하는 여자를 보고 남자는 여자가 병들었다 정신적 문제가 있다 생각을 하게 된다.

인간을 제외한 대부분의 포유류 암컷들은 수컷의 눈치를 보지 않는다. 혼자 새끼를 낳아 혼자 새끼를 키우기 때문에 수컷과의 관계에 독립적이다. 수컷을 선택하는 것은 물론 수 컷과의 관계 형태도 스스로 결정한다. 그래서 야생 자연의 암컷은 수컷 심리를 분석하는 일이 없다. 암컷이 수컷 심리에 관심이 없으니 대부분의 수컷이 암컷의 눈치를 본다. 야생 자연에서 관계 우위는 대부분 암컷에게 있다.

여자는 남자가 좋을수록 아무 생각도 하지 말고 아무 분석도 하지 말아야 한다. 마음에 드는 남자일수록 '오는 남자 안 막고 가는 남자 안 잡는다', '어차피 우린 아직 아무 관계도 아니다' 생각으로 마음을 비워야 한다. 남자의 말과 행동이 마음에 걸리는 게 있더라도 '개소리 하고 있네' 내지는 '지랄하고 자빠졌다'라는 생각으로 무시한다. 관계는 신기루일 뿐이며, 이 남자 말고 더 나은 남자가 수천 수만 명이라는 사실을 되새긴다. 그래도 여전히 남자 심리 분석에 매달린다면 과감하게 관계를 끊어야 한다. 지금 당장 관계를 끊고 남자 없는 나의 삶에 몰두해야 한다.

지나친 관심

'남자 심리 분석'의 연장이다. 심리 분석은 곧 지나친 관심으로 이어진다. 남자가 여자의 심리 분석과 지나친 관심에 거부감을 갖는 이유는 '인생 간섭'으로 여기기 때문이다. 남자는 간섭을 싫어하는 동물이다. 아무리 성적으로 매력적인 여자라도 자신에 대해 꼬치꼬치 캐묻거나 지나친 관심을 가지면 불편해한다. 간섭으로 느끼기 때문이다. 남자는 이미 알려진 개인사라도 남이 다시 캐물으면 기분이 나빠진다. 남자의 개인 정보는 무조건 스스로 밝히도록 기다려 주는 것이 최선이다. 궁금하다고 직접 질문을 던지는 것도, 유도 질문을 하는 것도, 두 번 세 번 같은 질문을 하는 것도 모두 여자의 매력 파괴로 이어진다. 정 궁금한 것이 있으면 관심이 없다는 듯 물어봐야 한다. 그저 지나치듯 무심하게 물어보는 것이 좋다. 남자의 인생을 들여다보거나 간섭할 의도가 전혀 없는 것처럼 보여야 한다.

끌려 다님

여자는 아는 게 없는 것보다 주관이 없는 것이 매력에 더 악영향을 미친다. 무기력해 보이기 때문이다. '나는 아는 것도 없고 주관도 없으니 그냥 남자에게 묻어 가겠다'는 생각은 필연적으로 여자를 활기 없는, 재미없는 캐릭터로 만든다. 남자가 하자는 대로 따라 하는 것이 습관화된 여자는 남자에게 만만하게 보인다. 남자가 한밤중에 부르는데도 군말 없이 나온다든가, 섹스할 것도 아니면서 남자 집에 놀러 간다든가, 아무 생각 없이 1박 2일 여행을 같이 간다든가. 그렇게 남자 비위를 맞춰 주면 자기도 편하고 남자도 편하고 그래서 둘은 행복하게 살 거라 착각을 한다. 하지만 결과는 언제나 매력 파괴. 남자의 제안이 다 좋아 보여서 그냥 남자의 의견을 따르는 경우도 있을 수 있다. 하지만 이런 경우라도 자신의 주관을 내세워야 한다. 특히 'No'라고 말해야 할 때는 주저 없이 단호하게 'No'라고 말해야 한다. 남자가 만만하게 본다, 혹은 무리한 요청을 한다 싶으면 '싫은데?'라고 딱 부러지게 입장 표명을 할 수 있어야 한다. 그래야 여자가 매력을 잃지 않고 남자가 함부로 보지 못하게 만든다.

약한 마음

선천적 매력을 타고나지 않은 경우, 대다수의 여자들은 남자와 사귀면서 마음이 약해지고 매력을 잃는다. 남자가 칭얼대거나, 삐치거나, 불만족스러운 태도를 보이면 여자는 동정심 때문에, 혹은 헤어질 것 같은 불안감 때문에 원래의 매력 없던 모습으로 돌아간다. 관계 유지를 위해 관계 우위를 스스로 내주는 것인데, 매력이 있고 없고를 떠나 여자가 할 수 있는 가장 멍청한 짓이다. 관계를 불리하게 만드는 데 그치지 않고, 되려 관계를 더 빨리 끝내 버리는 결과를 낳기 때문이다. 남자가 보채거나 삐치는 이유는 명백하다. 여자에게 심리적으로 의존하게 됐기 때문이다. 남자가 관계에 조바심을 내고 불만을 드러내면 여자는 '내가 관계에서 이기고 있다'고 이해해야 한다. 남자는 여자가 싫어지거나 관계에 싫증 나면 절대로 불만을 이야기하지 않는다. 그냥 무관심해진다. 조용히 관계를 멀리한다. 여자는 이런 사실도 모른 채 남자가 조바심 내면 지레 겁을 먹고 남자 밑으로 기어들어 간다. 객관적으로 잘못한 것이 없고, 남자가 특별히 피해를 본 사실도 없으면 미안해하거나 눈치 볼 필요 없다. 남자가 정 관계에 불만이면 그냥 잠깐 달래 주면 된다. '싫으면 꺼지라'고 할 필요도 없고, '다른 여자를 만나 보라'고 하지도 말고, 그냥 '아, 그러냐 미안하게 됐다'고 적당히 들어주는 척만 하면 된다. 짖는 개를 달래 준다고 생각한다. 짖는 개에게 인간의 권리를 내어주는 주인은 없다. 그런 주인은 개에게 물려 죽는다. 남자가 정 '여성 상위 관계'에 적응하지 못하면 관계에 미련 갖지 말고 알아서 멀어지게 내버려둔다. 이런 남자일수록 여자와 평등한 관계를 원치 않는 나쁜 남편감이며, 여자가 굽히고 들어갈 경우, 악랄하게 관계를 남용할 가능성이 높다.

매달림

마음 약해지는 것과 같은 패턴이다. 남자가 따라다닐 때는 쿨한 매력녀였다가 관계가 깊어지면 반대로 자신이 남자에게 매달리는 비굴한 처지가 된다.

　　관계에 불안감을 느낀다
　　→ 의존적 마음이 된다
　　→ 마음이 자제되지 않는다
　　→ 남자에게 내게 매력을 잃은 것 같다

　　남자에게 매달리는 여자들의 전형적인 매력 멸망 단계다.
이 단계에 들어서면 관계를 끊어야 한다. 자존심을 지키기 위
함이 아니다. 관계에서 중요한 건 자존심이 아니라 복지와 행
복이다. 여자가 남자와 사귀고 결혼하는 이유는 자신의 복지
와 행복을 지키기 위함이다. 여자가 남자에게 매달리기 시작
하면 인권은 짓밟히고, 복지는 파괴되며, 인생은 불행해진다.
그러니 여자는 자신에게 더 이로운 선택을 할 수밖에 없다.
지금의 불행한 관계를 과감하게 끊어 버리고 다른 관계를 찾
아야 한다.

'이 남자 아니면 안 된다'는 생각
　　아무리 매력적인 남자, 최고의 남편감을 발견했다 하더라
도 절대로 '이 남자와 반드시 결혼하겠다' 혹은 '이 남자 아니

면 안 된다'는 생각을 하면 안 된다. 이 생각을 하는 순간 당신은 매력을 잃는다. 당신이 아무리 남자 앞에서 아무렇지 않은 척, 쿨한 척 연기를 해도, '이 남자 아니면 안 된다'고 생각하면 남자는 본능적으로 알아차린다. 이 여자가 내게 의존적이라는 사실을. 눈빛이든, 표정이든, 목소리든, 행동이든, 여자의 미묘한 변화를 통해 남자는 당신이 매력 없다고 느끼게 된다. 매력은 이진법이다. 건강한 것이 매력 있는 것이고, 병든 것은 매력 없는 것이다. 다른 사람 눈치 보고 의존하고 관계 밑으로 기어들어 가는 것은 병든 것이다. 매력이 없는 것, 거부감 느껴지는 것이다.

사람은 어떤 경우에도 쉽게 단정斷定할 수 없다는 사실을 기억한다. 당신이 이 남자와 몇십 년을 함께 살지 않는 이상 이 남자가 정말 어떤 사람인지 알 수 없다. 아무리 지금 좋은 남편감이고 최고의 매력남이라 하더라도 시간이 지나고 다른 상황에 놓이면 전혀 그렇지 않을 수 있다. 그리고 무엇보다, 세상은 넓고 남자는 많다는 것, 남자와 버스는 기다리면 온다는 사실을 기억한다. 당신이 아직 더 좋은 남편감, 더 매력적인 남자를 만나지 못한 것은 순전히 당신이 충분한 경우의 수를 만들지 않았기 때문이다.

노력

인간관계, 특히 남녀 관계는 노력으로 개선되지 않는다. 이 진리를 늦게 깨우칠수록 남녀 관계에서 오래 불행을 겪는다. 연애를 노력으로 하는 사람은 언제나 관계에서 좌절을 겪는다. 노력을 하면 할수록 관계는 진창에 빠져 더 이상 나아가지 못한다. 관계 개선을 위해 노력하지 말아야 하는 이유는 부자연스러워지기 때문이다. 여자는 매력을 잃고 남자는 부담을 느끼기 때문이다. 개선의 여지가 있는 관계는 아무런 노력을 기울이지 않아도 저절로, 자발적으로 진전된다. 노력해야 하는 관계는 행복하기 어렵다. 덜컹덜컹 지지부진 하다가 길 한가운데 엎어지고 만다. 관계가 만족스럽지 않아 뭔가 노력을 해야 할 것 같으면 그냥 그대로 관계를 놓아 버리는 것이 최선의 선택이다. 불만스러우면 불만스러운 대로, 잘 안 되면 잘 안 되는 대로, 그냥 그대로 두고 내 삶에 몰두한다. 노력하면 관계는 불행해지고 노력하는 자는 매력을 잃는다. 상대가 내게 매력이 없다고 느끼기 전에 관계를 정리하는 것이 모든 면에서 이롭다.

예쁜 척

여자의 예쁜 척, 귀여운 척, 착한 척, 이 3가지는 여자의 매력을 파괴하는 3대악이다. 원래 예쁜 여자는 남자 앞에서 예쁜 척을 하지 않는다. 남자들도 본능적으로 안다. 남자가 여자가 예쁘다고 느끼는 건 자연 그대로 예쁘기 때문이다. 인위적으로 지어내면, 아무리 안목이 없는 남자라도, 금방 질린다. 예쁜 척하는 여자를 좋아하는 남자는 이 여자가 쉬워 보이기 때문에 좋아하는 것이지 매력을 느끼기 때문은 아니다. 여자는 예쁜 척을 하지 않을수록, 예쁘다는 자의식을 죽일수록 더 예뻐 보인다. 자연스럽기 때문이다. 다시 강조하지만, 매력은 자연발생적이다. 인위를 가할수록 매력은 죽고 거부감만 커진다. 예쁜 척은 화장과 옷차림으로 충분하다. 절대로 표정, 말투, 목소리, 행동으로 예쁘게 보이려 해서는 안 된다.

자기 증명

주관을 드러내야 매력이라고 했다. '좋다/싫다, 그렇다/아니다' 이걸 확실히 해야 매력도 높아지고 관계에서 유리한 자리를 차지한다고 했다. 하지만 나를 드러내는 것은 아니다. '좋다/싫다, 그렇다/아니다' 이게 아니라 '나는 이런 사람이야'라고 시끄럽게 굴면 매력도 잃고 관계도 잃는다. 남녀 관계에서 '나는 이런 사람이야'라고 강조하면 상대는 거부감을 느낀다. 여자의 큰 목소리와 자기 과시는 수컷들에게 비슷한 효과를 부른다. 위협, 부담, 매력 없음. 주관을 드러내는 것과 나를 드러내는 건 다른 문제다. 주관은 필요해서 하는 행동이고, 나를 드러내는 건 필요하지 않은데 하는 행동이다. 이렇게 생각하면 쉽다. 주관은 해야 할 말을 하는 것이고, 나를 드러내는 건 목소리를 키우는 것이다. 문제 해결을 위해 상대를 이해/설득시키는 것이 주관이고, 목소리 큰 놈이 이긴다고 무조건 악을 쓰는 것이 나를 드러내는 것이다.

'나 이런 사람이야' 이것처럼 불필요하고 불쾌한 짓도 없다. 아무도 '나 이런 사람이야' 악쓰고 다니는 사람에게 호감 느끼지 않는다. 기피 대상으로 찍어 놓고 도망 가기 바쁘다. 필요한 말은 꼭 하는 것이 최선이다. 하지만 내 성격을 드러내는 건 그렇지 않다. 쓸데없는 자랑/과시를 하거나, 사적인 이야기를 하거나, 성깔 부리고 화를 내는 나 자신을 돌아본다. 혹시 '나 이런 사람이야' 진상 짓을 하고 있는 건 아닌지 생각해 본다. 취향이 까다롭고 예민한 것도 그렇다. 아무도 처음 본 사람 앞에서 '나 이런 사람이야' 예민 떨며 자리를 불편하게 만들지 않는다. 남자 앞에서도 마찬가지다. 본인 성격이 여리거나, 예민하거나, 다혈질일수록 되도록 드러내지 않는 게 최선이다. 사귀는 사이도 아니고 결혼할 사이도 아니면 아직 서로 모르는 사이다. 모르는 사이에 서로의 캐릭터에 대해 알 필요 없다. 내 진짜 캐릭터는 상대가 천천히 자연스럽게 알게 하면 된다. 내가 이런 사람임을 미리 알게 할 필요도 없고, 나 이런 사람이라고 증명할 필요도 없다. '나 이런 사람'을 강조할수록 누구나 매력을 잃고 관계에 불리한 위치에 선다.

자기방어

속마음을 들킬까 봐, 상처받을까 봐, 상대가 나를 쉽게 볼까 봐, 두려움에 자기방어를 하는 여자들이 있다. 지나친 자기방어는 정신이 병들었다는 신호다. 약할수록, 건강하지 못할수록, 두려움이 커지고 자기방어에 집착한다. 매력이 있을 수가 없다. 좋아하는 사람 앞에선 무장해제 되는 것이 보통이다. 좋아하는 사람이니까 자기도 모르게 자기방어에 느슨해야 하는데 매력 없는 여자들은 그 반대다. 남자가 마음에 들면 오히려 더 철저하게 자기방어를 한다. 상대의 호감을 사는 것이 우선이 아니라 자기 상처받지 않는 것이 우선인, 이런 병들고 찌든 마음을 좋아할 사람은 아무도 없다. 건강한 사람은 자기방어가 필요 없다. 건강하기 때문에 어떤 상처를 입어도 금방 낫기 때문이다.

지나친 자기방어로 연애에 실패하는 여자들은 발상의 전환이 필요하다. 이 남자 마음에 든다, 좋은 남편감이다 싶으면 '쉬운 여자' 컨셉을 잡는다. 좋아하는 티를 내는 것도 좋고,

푼수 짓을 하는 것도 좋고, 백치미를 내세우는 것도 좋다. '나 좋아해요?' 물어보면 '어머, 어떻게 아셨어요!'라고 대답하는 것이 '쉬운 여자' 컨셉이다. 겁먹고 웅크린 고슴도치 같은 여자보다는 바보처럼 느슨한 여자가 훨씬 매력 있다. 내 주관을 죽이고 남자 주관에 따른다. 남자에게 져 준다고 생각한다. 지금 져도 나중에 얼마든지 주도권을 가져올 수 있다. 그게 매력이다.

접근성을 높인다고 생각한다. 다른 남자들에겐 어려운 여자지만 너에게만 쉬운 여자라는 인상을 주는 전략이다. 나 자신의 문을 활짝 연다고 생각한다. 정신이 건강하지 못하면 일부러 밖에 나가는 것이다. 비와 우박과 천둥을 맞으며 상처를 입는 것이다. 그래야 건강해질 수 있다. 하지만 섹스를 허용해서는 안 된다. 성관계에 관련된 모든 행위는 선을 긋고 제한한다. 먼저 고백하거나 좋아하는 마음을 필요 이상 진지하게 털어놓는 행동도 절대 해서는 안 된다. '쉬운 여자', '개방된 여자'는 어디까지나 겉으로 보여 주는 연기일 뿐이다.

자기 연민

'나는 특별하다'는 생각은 필연적으로 자기 연민으로 이어진다. 쉽게 말해 '나는 이런 대접을 받을 자격이 있다', '나는 너무 고귀한 신분이라 이런 대접을 받으면 안 된다'는 것이 자기 연민의 심리다. 자기 연민에 빠진 사람의 인간관계가 언제나 불행한 이유다. 언제나 항상 상대에게 '대접'을 바라고 있으니 당연히 매력이 죽고 거부감만 커진다. 자기 연민 환자들은 스스로를 너무 아름답고 고귀하다고 여긴다. 그러면서 참기 어려운 추한 행동을 하는 것이다. 건강한 것이 아름다운 것이다. 건강하지 못한 것은 추한 것이다. 어떤 환경에 처해도 쉽게 적응하고 문제를 해결하기 움직이는 것이 건강한 것이다. 상황이 마음에 들지 않는다고, 나를 실망시켰다고, 내게 상처를 주었다고, 저 혼자 주저앉아 토라지고 슬퍼하고 좌절하는 것은 건강하지 못한 것이다. 아무도 자기 연민 환자에게 매력을 느끼지 않는다. 자기 연민 환자에게 사람들이 느끼는 것은 거부감과 혐오감뿐이다.

사적 정보 발설

많은 여자들이 남자가 물어보지도 않는데 자신의 약점이나 치부를 미리 이야기한다. 양심에 찔려서, 혹은 동정심을 자극하기 위해, 혹은 정신적 문제 때문인데 (자기 연민의 연장선), 어떤 경우에도 긍정적인 효과를 가져오지 않는다. 기본적으로 여자는 굳이 밝힐 필요 없는 사적 이야기는 하지 않는 것이 원칙이다. 왜냐하면 서로 모르는 사이기 때문이다. 결혼을 약속한 사이 아니면, 특히 내게 불리한 사적 이야기는, 정말로 이야기해야 할 상황 아니면, 이야기하지 않는 것이 원칙이다.

명심할 것은 매력은 언제나 정신 건강이 신체 건강에 우선한다는 사실이다. 아무리 신체 건강이나 집안 환경에 문제가 있어도 정신적으로 건강하다는 사실만 보여 주면 매력은 보존되거나 강화된다. 다음은 남자 앞에서 털어놓아도 되는 사적 정보들이다. 털어놓을 땐 반드시 아무렇지 않은 듯, 아무 문제 아니라는 듯 이야기해야 한다. 그래야 매력이 강화된다.

1) 불우한 환경 (가난, 좋지 않은 가족 관계, 부정적 가정사 등)
2) 신체적 약점 (과거 병력 등)
3) 연애 경력 (남자에게 차인 이야기 등)
4) 과거 실수나 망신

털어놓아도 된다고 해서 아무 때나 다짜고짜 털어놓아도 된다는 얘기는 전혀 아니다. 꼭 이야기를 해야 하는 상황에서 이야기해도 된다는 것이지 일부러 들으라고 이야기해서는 안 된다. 사적인 이야기는 되도록 사적인 공간에 감춰 두는 것이 원칙이다.

다음은 거짓말을 하게 되는 한이 있더라도 절대로 남자 앞에서 털어놓지 말아야 할 사적 정보들이다. 사귀지도 않는 사이에 이런 사실들을 함부로 공개할 경우 복구하기 어려운 타격을 입는다.

1) 어린 시절 학대
2) 유전병
3) 범죄 피해 사실 (성희롱, 성폭행 등)
4) 정신적 문제 (우울증, 편집증 등)
5) 개인적 감정 (사랑 고백 등)
6) 개인적 불만 (하소연 등)

자랑이나 과시도 마찬가지다. 연봉, 직장, 집안, 재산, 배경, 가족이나 친인척을 포함한 가까운 지인의 사회적 지위 같은 정보도 웬만해서는 노출하지 말아야 한다. 앞서 '자기 증명'에서 말한 것과 같은 이유다. '나 이런 사람'이라고 증명하는 순간 남자는 여자에게 매력을 잃거나 이용해 먹을 궁리를 하게 된다.

경쟁 의식, 승부욕

여자가 남자에게 지지 않으려는 태도는 남자에게 격한 거부감을 산다. 다시 강조하지만 남자는 성욕보다 자존심이 중요한 동물이다. 만일 여자가 남자 앞에서 '내가 더 똑똑하다', '너에게 지지 않겠다'는 태도를 보이면 남자는 자존심에 위협을 느낀다. 남자가 여자에게 아무리 강한 성적 매력을 느껴도 여자가 남자에게 절대로 지지 않는다든가, 조금도 양보하지 않는다든가, 자기가 더 똑똑하다는 듯한 태도 보이면 남자는 당장 매력을 잃고 돌아선다. 남자와의 관계에서 우위를 점하는 것은, 아이러니하게도, 남자의 자존심은 보호해 줘야 한다는 의미이기도 하다. 관계 우위를 점한다는 것은 관계를 계속 우호적으로 유지한다는 뜻이다. 관계를 계속 우호적으로 유지하기 위해서는 절대로 남자의 자존심을 해쳐선 안 된다. 기선 제압을 하거나 기를 꺾는다는 생각은 절대 해서는 안 된다. 남자 자존심을 짓밟는 행동을 일부러 하는 건 관계의 파괴를 의미한다. 방어적인 자세를 취하는 것이 좋다. 초면에는 남자에게 일부러 져 주는 듯한 모습을 보여 주는 것이 최선이다. 다시 말하지만 관계 우위는 나중에 가져올 수 있다. 그게 관계 진전 및 매력 강화에 훨씬 유리하다.

눈치 너무 안 봄

눈치를 보지 않아야 매력이라고 했지만 그렇다고 아예 눈치를 보지 않을 수는 없다. 왜냐하면 정말로 눈치 없이 행동하면 여자의 지능/사회성의 문제로 비화되기 때문이다. 여자가 남자 눈치를 봐야 하는 건 다음 3가지다.

1) 남자의 성적 관심. 남자가 내게 성적 관심이 있는지 여부를 먼저 파악해야 한다고 했다. 그래야 관계 진전의 가능성을 알 수 있다고 했다. 앞서 설명한 내용이다.

2) 남자가 귀찮아함. 남자가 조금이라도 여자를 귀찮아하거나 피곤해하면 여자는 그 즉시 남자를 혼자 두어야 한다. 말이 끊기고, 대화에 적극적이지 않고, 정신이 다른 데 팔려 있는 것 같으면, 실망하거나 캐묻지 말고 바로 관계를 중단해야 한다. 남자가 관계에 관심을 잃으면 여자도 관계에서 물러나야 한다. 이유 알 필요 없다. 그 이유 대부분 남자 자신도 모른다. 스트레스 때문일 수도 있고, 몸에 병이 있기 때문일 수도 있고, 그저 기분이 안 좋거나, 성욕 감퇴 증상일 수도 있다. 딱 한 가지 규칙만 지키면 된다. 남자가 관계에서 물러나면 여자도 물러나야 한다는 것. 남자가 관계에 다시 돌아올

때까지 내 할 일에 집중한다는 것.

3) 남자의 자존심. 여자가 말을 하는데 남자는 딴청을 피우는 것 같다 (듣기 싫어하는 것 같다), 불편해하는 것 같다 싶으면 이 남자는 현재 여자에게 기분 상해 있을 가능성이 있다. 남자의 목소리가 격해지거나 극단적 표현을 사용할 경우 역시 여자의 말이나 행동에 자존심이 상했을 가능성이 높다. 참고로 남자는 자신의 일이 아니어도, 남의 일이어도 전혀 엉뚱한 데서 자존심이 상하곤 한다. 이럴 때는 곧바로 화제를 돌리거나, 급한 일이 있으니 다음에 보자고 헤어지는 것이 좋다. 역시 억지로 달래 주거나 이유를 캐묻지 말아야 한다. 그게 더 자존심 상한다. 동일한 규칙이 적용된다. 남자가 기분 상한 것 같으면 여자는 관계에서 물러나야 한다는 것.

결별 중독

'그럼 헤어져.' 여자들이 남자 관계에서 가장 흔하게 범하는 매력 파괴 행위다. 여자가 남자에게 (마음에도 없이) 헤어지자 하는 것은 정신이 병들었기 때문이다. 남자에게 매달리는 것이나, 남자에게 헤어지자고 하는 것이나 둘 다 같은 심리에서 비롯된다. 남자에 대한 의존적 마음. 마음에도 없이 '이럴 거면 헤어지자'는 것은 자신이 상처를 덜 받기 위해 상대에게 상처를 주는 행위다. 일종의 방어 기제인데, 매력을 망치고 관계를 파괴하는 대단히 이기적이고 유치한 행위다. 본인은 그런 말을 해야 속이 시원한지 몰라도 객관적 시각에선 사실상 자해 공갈과 다를 게 없는 (관계에 대한) 범죄 행위다. 여자가 매번 투정 부리듯 헤어지자고 공갈 협박을 하면 필연적으로 남자는 '이 여자 안 되겠다, 정신이 병들었다'는 확신을 얻는다. 이 확신이 쌓이면 남자는 여자에 대한 모든 인간적 매력과 연민을 잃고 더 이상 관계에 충실하지 못하게 된다. 남자가 정말 마음에 들지 않는다, 정말 헤어져야겠다 싶으면, 지체 없이 관계를 중단하고, 아무 말 없이, 다른 남자를 알아보는 것이 정상이다. 남자가 마음에 들지는 않는데 헤어지긴 싫다, 그러면 그냥 아무 말 없이 관계를 중단하고 가만히 있는 것이 정상이다. 그게 정상적인 인간관계 사회 관계를 영위하는 건강한 여자의 모습이다.

동성 친구에게 상담함

남자 관계에 문제가 생기면 절대다수의 여자들은 자신의 동성 친구들에게 조언을 구한다. 그게 더 편하기 때문이겠지만, 이는 남자와의 관계를 망치는 대단히 잘못된 버릇이다. 여자들은 아무리 남자 경험이 많아도 남자를 잘 알지 못한다. 대개 자신이나 주변의 연애 경험에 의존해, 혹은 여자 심리에 투사해 조언을 하게 되는데, 대부분 남자 행동을 잘못 해석해서 엉뚱한 이야기를 하게 된다. 이 엉터리 조언을 듣고 따라하는 여자는 십중팔구 남자에게 매력을 잃거나 우습게 보이고 만다. 매력을 잃기 싫으면 절대로 동성 친구들에게 조언을 구해서는 안 된다. 스트레스를 풀기 위해 친구들과 남자 욕을 하는 것은 얼마든지 괜찮다. 하지만 이들로부터 '어떻게 하는 것이 좋겠느냐' 조언을 구하는 것은 관계도 망치고 매력도 망치는 짓이다. '남자 심리 분석'에서 설명한 바와 같이, 여자는 남자의 말과 행동을 궁금해하지 않아야 한다. '원래 그런가 보다' 생각하고 신경을 꺼 버리는 것이 가장 좋다. 괜히 다른 사람에게 묻지도 말고 조언 구하지도 말아야 한다. 그냥 '앓느니 죽겠다', '절이 싫으면 중이 나가야지' 자세로 관계에 초연해야 한다.

근본 해결책

1. 상식선을 지켜라

처음 언급한 바와 같이, 아무리 평소 건강한 인간관계를 영위하던 여자도 남자와 사귀는 관계가 되면 여기 언급된 실수들을 반복한다. 중요한 건 사회 생활할 때는 절대 이러지 않는다는 점이다. 공적인 자리에서 이런 행동을 하는 사람은 사회성에 장애가 있는 정신병자들뿐이다. '우리 이제 사귀는 사이니까', 사적인 관계라는 명분으로, 공적인 관계에선 절대로 상상할 수 없는 정신병적 행동을 당연시하는 것이다. 해결법은 간단하다. 남자와 사귀는 사이가 되더라도, 어떤 관계로 발전하더라도, 사회에서 지켰던 인간관계 룰을 벗어나지 않는 것이다. 어떤 경우에도 원래 사회에서 지켜왔던 정상적인 인간관계 룰을 바꾸지 않는 것이다. 내가 지금 남자에게 하는 행동이, 밖에서, 사회에서 허용되는 수준인가, 이 판단을 하는 것이다. 그러면 여기 열거된 실수들은 거의 하지 않을 수 있다.

2. 미련을 버려라

매력을 망치는 실수들을 막는 최선의 방법은, 지금껏 설명된 바와 같이, 관계에 대한 미련을 버리는 것이다.

1) 이 관계 지금 끝나도 상관없다.

2) 다른 남자, 더 나은 남자 수없이 많다.

이 생각이 매력의 병을 치료하는 만병통치약이다. '매력 필살기-관계를 버리고 사람에 집중한다' 챕터를 다시 읽는다. 이것이 모든 인간관계 매력의 해법이며, 관계에서 겪는 모든 고통을 치유하는 최고의 명약이다. '관계는 신기루일 뿐이며, 나는 언제든, 나이 60-70이 넘어서도, 더 나은 사람을 만날 것' 이라는 생각이 정신을 건강하게 만든다. 어떤 사람, 어떤 상황에서도 매력을 잃지 않게 해 준다.

여자는
어떤

남자에게 끌리는가

매력적인 여성의 특징에 대해 살폈지만, 매력이 더 절실하게 필요한 쪽은 여자가 아닌 남자다. 현실이 그렇다. 매력은 남성과 여성 모두에게 중요하지만, 남성의 경우 직접적으로 연애나 관계 형성에 영향을 미친다. 생물학적으로, 남자는 여자에게 매력이 없어도 관계를 맺고 결혼도 할 수 있지만 여자는 그렇지 않기 때문이다. 많은 여성들은 본능적으로 남성의 매력을 매우 중요시한다. 인간만 그런 게 아니라 어류 양서류 파충류 포유류 짝짓기를 하는 모든 동물이 다 그렇다. 남성(수컷)은 본능적으로 번식 기회 자체, 즉 번식의 양에 더 관심을 갖는 반면, 여성(암컷)은 번식의 질에 더 관심을 가질 수밖에 없다. 자신이 직접 아이를 낳아 키워야 하기 때문이다.

아이러니한 점은 이런 본능을 서로가 상대방에게 투사한다는 것이다. 번식의 '양'이 더 중요한 남자들은 여자들도 그럴 것이라고 믿는다. 매력이 없어도 섹스할 수 있겠지, 여자들도 번식의 양이 중요할 테니까. 그래서 남자들은 자신의 매력에 어떤 문제가 있는지 모르고, 외모 관리, 냄새 관리도 안한 채, 여자 비위를 상하게 하는 재미없는 농담이나 지껄이다 여자에게 차이고, 앙심을 품고, 다시 또 여자 앞에서 못난 모습을 보이는 패턴을 반복한다.

남자들은 여자들이, 자연적으로, 남자보다 매력에 더 민감하며, 매력에 더 예민하게 반응한다는 사실을 깨달아야 한다. 남자들이 매력을 이해하고 매력을 높이는 방법을 알아야 하는 이유다. 여자들이 남자에게 매력을 느끼는 중요한 요소는 크게 두 가지다. 남자다움, 그리고 편안함.

1. 남자다움

남자다움이란 남성 호르몬, 테스토스테론을 말한다. 테스토스테론 수치가 높을수록 남자는 자신감이 크고, 여성들은 이를 본능적으로 인식한다. 사냥에 대한 자신감이 있는 남자가 사냥을 더 많이 나가고, 여자에게 양질의 먹이를 더 많이 공급해 줄 수 있다. 문제에 대한 도전 정신 덕분에 경험치가 쌓여 문제 해결 능력이 키워지면, 삶의 고통을 쉽게 처리할 수 있다. 사회에서 조직의 문제를 잘 처리하면, 사회적 서열이 올라감으로써 더 높은 권한과 지위를 누릴 수도 있다.

매력의 생물학적 본질이 테스토스테론이라는 점은 여자에게 더욱 절실한 정보다. 남자의 테스토스테론 수치는 여자에게 단순한 감성적 느낌의 차원이 아닌, 생존과 복지를 결정짓는 문제이기 때문이다. 여자에게 매력적인 남자가 되려면 남자는 가장 먼저 테스토스테론 수치를 높이는 것이 최선이다. 중요한 건 테스토스테론 수치는 사람의 행동과 마음가짐에 따라 달라진다는 사실이다. 테스토스테론 수치가 높은 것처럼 행동하면, 그러니까 테스토스테론 수치가 높은 남자의 행동을 따라 하면 실제 테스토스테론 수치가 높아진다. 즉, 타고난 것에 연연할 필요 없는 것이다. 자신감 있는 태도를 보이면, 당신은 충분히 매력적인 남자로 보일 수 있다.

동작은 크고 과감하게

핵심은 동작과 움직임이다. 자연스럽고 자신감 있는 움직임, 위축된 자세보다 열린 자세가 긍정적 인상을 준다. 동작은 언제나 크고 과감해야 한다. 동작이 크고 과감하다는 건 공간을 많이 차지한다는 뜻이다. 서 있는 자세부터 교정한다.

다리를 크게 벌리고 어깨를 쫙 편다. 손을 허리 위에 올린다. 이른바 '슈퍼맨 자세'다. 이 자세가 테스토스테론이 가장 많이 분비되는 자세다. 걸을 때도 그렇다. 보폭을 성큼성큼, 크게 천천히 여유 있게, 어깨를 쫙 펴고, 몸 전체를 걷는 리듬에 맞춰 움직여 준다. 원리는 항상 동일하다. 공간을 많이 차지하는 것이다. 서 있을 때도, 앉아 있을 때도, 움직일 때도 몸을 최대한 넓게 활짝 펴는 것이다. 크고 과감하게. 이 말을 기억한다. 자세와 움직임을 크고 과감하게 취할수록 당신의 테스토스테론 수치는 높아진다. 여자에게 매력적인 남자로 보인다.

쓸데없는 동작은 금물

테스토스테론의 중요한 특징 중 하나는 불필요한 행동을 하지 않는다는 것이다. 쓸데없는 말이나 행동을 하지 않는 것, 이것이 테스토스테론의 가장 중요한 점이자, 여자가 남자에게 느끼는 매력의 가장 중요한 요소 중 하나다. 말이 너무 많은 남자, 다리를 떠는 남자, 몸을 가만히 두지 못하는 남자들이 여자에게 차이는 이유다. 동작은 크고 과감하게. 하지만 쓸데없는 말과 행동은 절대로 하지 않는다. 이 패턴을 고수해야 한다. 말이든 행동이든 하기 전에 일단 멈춘다. 굳이 할 필요 없으면 하지 않는다. 언제나 한 박자 느리게, 쓸데 있는지 없는지 생각을 해 보고 결정을 내린다. 이러면 남자는 느긋하고 여유만만해 보인다. 테스토스테론 수치가 높은, 상위 서열 남자처럼 보인다.

쓸데없는 표정도 금물

쓸데없는 말과 행동만큼 금기시해야 하는 것이 쓸데없는 표정이다. 테스토스테론 수치가 낮을수록, 정신이 나약할수록 표정이 쉽게 들뜬다. 표정에 속마음이 드러난다. 사람이 가벼워 보이는 것이다. 말과 행동이 침착한 것처럼 표정도 그러해야 한다. 쓸데없는 표정만 짓지 않으면 된다. 표정에 감정 변화가 일일이 다 드러나는 것보다, 가식적인 억지 표정을 짓는 것보다, 차라리 무표정이 낫다. 절제된 리액션이면 충분하다. 필요할 때 조금씩 웃어 주거나, 고개를 끄덕이거나, 살짝살짝 감탄하는 정도면 충분하다.

시선은 언제나 한곳에 고정

테스토스테론 수치가 높을수록 집중력이 향상된다. 다른 데 한눈을 팔지 않는다. 이것이 테스토스테론과 사냥 기술, 문제 해결력의 핵심이다. 집중력은 시선으로 나타난다. 시선이 또렷할수록, 한곳에 집중돼 있을수록, 집중력이 높은 것이다. 집중력이 높을수록 테스토스테론 수치도 높은 것이고, 여자에게 매력적으로 비칠 가능성도 높은 것이다. 남자의 말 행동 표정을 결정 짓는 것은 결국 시선이다. 시선이 한곳에 집중돼 있느냐, 그렇지 않느냐, 이것에 남자의 모든 것이 결정된다. 시선을 한곳에 집중할수록, 쓸데없는 짓이 줄기 마련이다. 걸음걸이, 팔의 움직임, 손의 움직임, 앉은 자세, 고개의 움직임 등이 절제된다. 사람이 진중하고 똑똑해 보인다. 서열 높은 능력남처럼 보이는 것이다. 상대가 말할 때 눈을 적절히 맞추고, 필요 이상으로 주변을 두리번거리지 않는 것은 사실 인간 사회의 기본 예절이다. 하지만 처음 본 여자의 얼굴에 시선을 집중하는 게 어려울 때는 서로가 불편할 수 있다. 이때, 얼굴이 아닌 다른 곳에 시선을 집중했다가 필요할 때만 살짝살짝 얼굴을 바라보는 것을 권한다. (당연한 말이지만 여자의 가슴이나 개인적인 소지품 같은 민감하게 받아들일 수 있는 대상에 시선을 집중하면 안 된다.)

말을 아낀다

말을 아끼고 행동을 한다. 말보다 행동. 이 원칙을 기억해야 한다. 그래야 쓸데없는 말을 줄이고 움직임을 크고 과감하게 취할 수 있다. 뭔가 말을 하고 싶을 때마다 '굳이 이 말을 꼭 해야 할까' 생각해 본다. 여자에게 뭔가 설명을 하고 싶을 때마다, 지적하고 싶을 때마다, 반박하고 고쳐 주고 싶을 때마다 일단 멈춘다. 결혼한 사이도 아닌데, 가족도 아닌데, 굳이 이 말을 해야 하나. 이 생각부터 한다. 말이 줄어들수록 행동은 커진다. 말을 자제할수록 행동이 과감해진다.

2. 편안함

아무리 테스토스테론 수치가 높아도 여자들에게 항상 차이는 남자들이 있다. 테스토스테론 수치 최고 높은 상남자인데도, 심지어 잘 생기고 돈도 잘 버는데도, 여자들이 거부하는 남자들이 있다. 원인은 하나다. 여자를 불편하게 만들기 때문이다.

테스토스테론은 여자의 생존과 복지를 책임진다. 하지만 이것이 역으로 여자의 생존을 위협하기도 한다. 데이트 폭력, 가정 폭력이 대표적이다. 테스토스테론 수치가 높을수록, 행동이 거침없이 과감할수록 충동성이 높아진다. 폭력적 행태를 보일 가능성이 높은 것이다. 여자를 직접 폭행하지 않더라도, 밖에서 사고를 치거나 범죄를 저지를 가능성도 높고, 어떤 식으로든 여자에게 해가 될 가능성이 높은 것이다.

여자에게 남자는 양날의 검이다. 이로운 방향으로 쓰일 수도 있지만, 해를 입을 수도 있다. 그래서 대부분의 여성들은 본능적으로 편안함을 느낄 수 있는 남자에게 끌린다. 남자가 문제 해결력이 뛰어난 것도 중요하지만, 그에 못지않게 안전하다, 믿을 수 있다, 마음이 편하다는 인상을 주는 것도 중요하다. 다시 한번 강조한다. 자신감 있는 행동과 과격한 행동은 다르다. 남성이 차분하고 신뢰감을 주는 태도를 유지하는 것이 중요하다.

주변을 조금만 둘러봐도 쉽게 알 수 있다. 여자한테 인기 많은 남자, 항상 여자 친구가 끊이지 않는 남자들의 가장 흔한 공통점은, 잘생긴 것도 아니고, 돈이 많은 것도 아니고, 힘이 센 것도 아니다. 여자를 편하게 해 주는 것이다. 유전적으로 질 나빠 보이는 추남이 미인과 사귀는 걸 보면 사람들은 저 남자가 돈이 많다는 생각만 한다. 물론 그런 경우도 있지만, 본질적인 원인은 그 남자가 여자 마음을 편하게 해 주기 때문이다. 남자가 아무리 돈이 많아도, 진짜 금전적 계약 관계가 아닌 한, 여자를 편하게 해 주지 못하면 원하는 여자를 얻을 수 없다. 땡전 한푼 없는 거지남과 사귀면서 관계를 포기하지 못하는 여자들의 심리도 그렇다. 이 남자와 있으면 마음이 편하기 때문이다. 여자에게 매력적으로 보이기 위해 남자는, 머리를 치장하고 옷 차려 입기 전에, 여자 마음을 편하게 해 주는 방법을 생각해야 하는 것이다.

쓸데없는 주관 드러내지 않기
남자들이 여자 마음을 불안하게 만드는 가장 흔한 행동은 쓸데없는 주관을 드러내는 것이다. 이른바 아는 척, 잘난 척, 이런 행동이 버릇인 남자에게 여자 친구가 없는 이유다. 좀처럼 연애를 못하는 이유다. 훈계하고 가르치려 할수록 여자는 남자에게 정을 뗀다. 이 남자 내 편은 안 들어주겠구나, 내 마음대로 할 수 없겠구나, 이 느낌을 받는 것이다. 남자는 여자 앞에서 아는 척, 잘난 척을 하고 싶어도 참아야 한다. 그런 거 굳이 남자 본인 입으로 지껄일 필요 없다. 남자가 정말 잘난 게 있으면 여자가 나중에 스스로 자연스럽게 알게 하면 된다. 말이 아닌 행동. 이게 매력적인 상남자의 비결이다. 상대방의 의견을 존중하고 열린 태도를 갖는 것은 누구에게나 매력적인 태도다.

쓸데없는 성깔 드러내지 않기

쓸데없는 주관보다 더 위험한 것이 성깔이다. 남자들은 흔히 과시하기 위해, 여자 앞에서 센 척하기 위해 성깔을 드러내는 경우다 많다. 여자 경험이 없는, 여자 관계가 좀처럼 잘 풀리지 않는 루저들의 흔한 습성이다. 마음에 드는 여자 앞에서 남자는 무조건 성깔을 감춰야 한다. 안전한 남자, 침착한 남자, 신사적인 남자라는 느낌을 여자에게 각인시켜야 한다. 성깔을 드러낼 상황에서도 꾹 참고 의연하게 넘어간다. 그래야 여자가 남자에게 매력을 느낀다. 이 남자는 안전하다

편안하다 믿을 수 있다는 인상을 받는 것이다.

여자 입장 이해하기

쓸데없는 주관/성깔을 자제할수록 남자는 자연스럽게 여자 입장을 이해하는 쪽으로 바뀐다. 남자는 기본적으로 여자 앞에서 중립적인 태도를 취하는 것이 최선이다. 내 주관/성깔을 자제하고 여자 입장에 귀 기울이는 것이다. 굳이 남의 편 들지 않고 중립적인 자세만 취해도 여자는 '이 남자는 내 편'이라는 인상을 받는다. 가끔씩 "그건 아니지"라는 입장 표명을 때도 최대한 완곡한 어법으로 한다. 절대로 2마디 이상 토를 달지 않는다. 논쟁으로 치달을 여지는 사전에 차단한다. 이 여자가 정말 마음에 안 드는 말을 한다, 그래도 쓸데없이 토 달지 않는다. 이 여자의 교양과 상식에 문제가 있다 싶으면 다음에 더 이상 만나지 않으면 되는 것이다. 쓸데없이 말싸움하고 감정 대립해 봐야 손해 보는 건 당신이다. 완전히 중립적인 자세로, 여자가 아무리 어이없는 주장을 해도, 그냥 그런가보다, 저 사람은 저렇게 사는구나, 이렇게 인정하고 넘어가는 것이다. 굳이 여자 편 들어주며 가식적인 태도 보일 필요 없다. 쓸데없는 주관/성깔만 자제해도 충분하다. 이 남자는 신사구나, 안전하구나, 남자답구나, 이런 느낌을 주는 것이다.

매력은 곧 건강이라고 했다. 건강한 사람은 자신의 건강함을 과시하지 않는다. 매력은 자연스럽게 드러나는 것이다. 자신감과 안정감은 주변에서 느끼게 마련이다. 나의 주관과 생각, 감정, 취향도 마찬가지다. 건강하기 때문에 굳이 상대에게 과시하거나 강요하지 않는 것이다. 여자가 남자에게 매력을 느끼는 원리도 매력의 본질로 귀결된다. 테스토스테론 수치가 높은 남자, 사회적 서열이 높은 남자, 여자를 편하게 해 주는 남자, 여자가 매력을 느끼는 남자, 모두 결국 "건강한 남자"다. 몸과 마음이 건강하기에 의연하고 여유만만한 것이다. 쓸데없는 말과 행동 하지 않고, 여자를 불편하게 만들지 않고, 여자 입장을 헤아려 주는 것이다. 과묵하게, 자연스럽게, 스스로의 건강함을 증명하는 것이다.

매력

FAQ

'매력 실전 사용법'과 '매력을 망치는 최악의 실수들'에서 이야기하지 못한 세세한 궁금증을 정리한다. 궁금증은 셀 수 없이 많겠지만, 지면 한계상 가장 본질적인, 가장 중요한 (혹은 가장 궁금한) 사안들을 중점적으로 다루기로 한다.

잘해 줘야 할 때와 잘해 주지 말아야 할 때

남녀 관계에서 가장 중요한 것은 균형이다. 남녀 관계에 균형이 유지되지 않으면 반드시 누군가 불행해지며, 언젠가 관계는 깨어질 수밖에 없다. 연인 관계 불균형을 야기하는 가장 흔한 원인은 한쪽이 너무 잘해 주는 것. 평등한 관계에서 잘해 주는 것이 아니라 상하주종 관계에서 잘해 주면 관계는 비극적 결말을 맞는다. 매력이고 성욕이고 일단은 평등하고 상식적인 관계가 되어야 오래 간다. 아무리 섹시하고 매력적인 사람도 불평등한 관계를 유지하면 반드시 불행을 겪게 된다.

해 주지 않아도 될 친절은 하지 않는 것이 첫 번째 원칙이다. 비 오는데 마중 나가기, 격려 전화 자주하기, 쓸데없는 위로, 값비싼 선물, 돈 들인 이벤트 등 굳이 할 필요 없는 짓들을 사랑, 애정, 인간에 대한 예의라는 미명하에 아무렇지 않게 한다. 필요하지 않은 친절을 베풀수록 관계의 균형이 무너진다. 그리고 매력도 잃는다. 매력은 실용이고 현실이다. 내가 원하는 가장 최선의 결과를 얻는 것이 매력이다. '그 정도는 신경 안 써도 되겠지', '자기가 알아서 하겠지'라는 생각이 곧 실용이고 현실이고 매력이다. 지나친 간섭이나 관심, 그리고 친절은 매력을 짓밟는 최악의 실수다. 최악의 결과를 낳는다.

남자는 '알아서 잘하겠지' 믿어 주면 고마워하는 동물들이다. 그렇게 믿어 주는 여자에게 더 매력을 느끼는 존재들이다. 믿어 주지 못하고 매사 의심하고 걱정하고 간섭하면 매력이고 나발이고 도망가 버린다. 여자는 남자를 대할 때 '알아서 잘하겠지'라는 믿음을 기본으로 깔고 있어야 한다. 그렇지 못하면 남자 관계에서 사사건건 문제가 발생한다. 기준을 잘 모르겠으면 남자의 반응으로 판단할 수 있다. 남자가 여자의 호의에 감동하는 것 같으면 적절한 행동을 한 것이며, 반대로 남자가 여자의 호의에 시큰둥한 혹은 가식적/형식적 반응을 보이면 여자는 남자에게 불필요한 친절을 베푼 것이다.

화를 내야 할 때, 화를 내지 말아야 할 때

남자와 관계 초반에는 캐릭터를 드러내지 말라고 했다. 서로 잘 모르는 사이에 자신의 성격, 인성, 인생 철학 등을 드러내는 건 특수한 경우를 제외하곤 대부분 좋지 않은 인상을 준다. 화를 내고 성깔을 부리는 것도 같은 맥락이다. 좋다/싫다, 그렇다/아니다 주관은 언제나 항상 적극적으로 드러내야 하지만 화를 내는 건 다른 문제다. 매력은 어디까지나 내게 이롭다는 전제하에 느껴지는 감정이다. 여자의 다른 조건이 모두 매력 요소에 부합하더라도 내게 해롭다는 조짐이 보이면 그 즉시 매력을 잃는다. 남자와 관계를 유지하고 싶다면, 혹은 계속 호감을 유지하고 싶다면 여자는 남자에게 화를 내는 것을 마지막 순간까지 자제해야 한다.

즉, 여자가 사적 관계의 남자에게 화를 내는 건 '지금 이 관계를 끝내야겠다'는 판단이 들었을 때여야 한다. '내가 어떤 여자인지 보여 주겠다', '남자 버르장머리를 고쳐 놓겠다', '관계 우위를 차지하겠다', 이런 생각으로 화를 내는 여자는 매력을 잃는다. 관계 우위를 점하지 못하고 거부감과 경멸만 사게 된다. 남자의 사소한 실수나 잘못, 무례한 말투/행동 정도는 그냥 꾹꾹 눌러 참는다. 남자에게 져 주라고 했다. 그게 관계 초반에 매력을 얻는 법이고, 장기적으로 관계 우위에 서는 길이라고 했다. 이 남자와 더 이상 계속 관계하고 싶지 않다, 같이 있으면 내게 해롭다는 판단이 들면

1) 조용히 짐 싸서 등 돌려 나가 버리거나,
2) 화를 내면 된다.

화는 언제나 꾹꾹 눌러 참고 참다가 폭발하듯이 내야 한다. 눌러 참지도 않고 폭발한 것 같지도 않으면 그냥 더 참고 두고 보거나 그냥 가만히 노려보면 된다. 남자의 반응을 보고 어떻게 할지 결정하면 된다.

여자가 더 많이 참아 주다가 결정적인 순간에 화를 폭발시키면 남자는 여자에게 매력을 느낀다. 관계에 강렬한 미련을 느낀다. 여자가 평소 충분히 매력을 유지했다면, 이때 대부분 남자는 관계 밑으로 기어들어 오게 된다. 남자 스스로 이 여자가 어떤 여자인지 깨닫는 것이다. 그리고 알아서 조심하게 된다. 스스로 '버르장머리'를 고치기 시작하는 것이다.

다른 세상만사가 그러하듯 남녀 관계도 그렇다. 사즉생 생즉사死卽生 生卽死. 관계를 살리려고 매달릴수록 관계는 죽는다. 반대로 관계의 생사에 관심을 두지 않을수록 관계는 더 오래 살게 된다.

칭찬으로 매력 얻는 법

남자의 외모를 칭찬하는 것은 아무 효과도 얻지 못한다. 외모 칭찬을 들은 남자는 (정상적인 경우) 그저 한 귀로 흘러듣거나, 쓸데없는 아첨이라고 생각하거나, 여자가 날 외모만 보고 좋아한다고 의심할 수 있다. 남자가 매력을 느끼는 칭찬 포인트는 능력/지능에 대한 것이다. 남자의 얼굴이 잘생겼으면 '잘생겨서 인기 좋으시겠다' 같은 식상한 말 대신, '그렇게 생긴 얼굴이 지능도 높다더라'라고 말해 주는 것이 더 호감을 준다. '잘생겼다, 멋있다, 귀엽다' 같은 의미 없는 칭찬을 생각 없이 남발할수록 여자의 매력은 죽는다. 그런 의미 없는 칭찬을 남발하기 전에 남자의 기질이나 특징을 살펴본다. 남자가 목소리가 크고 말을 잘하면 '국회의원이나 변호사를 해도 성공하겠다'고 해 주고, 논리적이고 신중하면 '학자나 교수'라고 치켜 세워 준다. 남자는 누구든, 어떤 유형이든, 자신의 능력/잠재력을 인정해 주는 사람에게 깊은 호감을 느낀다. 특히 그것이 여자라면 남자는 이 여자가 평범하지 않다고 여긴다. 남다른 매력이 있다고 믿는다. 매력은 자연 발생적이지만, 실제로는 연기와 거짓이기도 하다. 자연 발생적 매력도 중요하지만 이렇게 적절한 칭찬과 코멘트로 남자의 마음을 사는 것도 매력을 창출하는 좋은 방법이다.

웃음으로 매력 얻는 법

'잘 웃는 여자가 시집 잘 간다'는 속설은 엄연한 사실이다. 매력의 기본은 활기이고, 활기를 제일 쉽게 보여 주는 방법이 웃음이기 때문이다. 여자가 남자에게 매력을 얻는 가장 쉬운 방법은 웃음이다. 잘 웃는 여자 싫다는 남자는 없다. 잘 웃지 않는 여자는 활기가 없어 보인다. 잘 웃는 여자에 비해 남자들의 관심을 끌기도, 인기를 얻기도 어렵다.

웃음에는 2가지 종류가 있다.

1) 이벤트 행사 도우미처럼 일 년 내내 생글생글 웃고 다니는 평상시 웃음.
2) 웃기는 일, 재미있는 일, 즐거운 일이 있을 때 박장대소하는 웃음.

'잘 웃는 여자가 시집 잘 간다'고 할 때 웃음은 2번을 말한다. 1번 웃음도 물론 매력이 될 수 있다. 하지만 대부분의 경우 기계적인 웃음, 인위적인 웃음, 항상 똑같은 웃음은 매력이 아닌 지루함, 식상함을 준다. '매력의 발산: 여백과 파격'에서 말했다. 사람들은 '예상치 못한 것'에 매력을 느낀다고. 항상 똑같은 것은 재미가 없다. 재미가 없으면 매력도 없다. 활기가 없다고 느끼는 것이다.

웃음도 그렇다. 평소에 웃는 건 중요하지 않다. 행사 도우미의 접대용 웃음은 매력에 큰 도움이 되지 않는다. 평소 아무리 불친절한 표정을 짓고 있어도 웃길 때 시원하게 한번 웃어 주는 게 매력에 더 큰 도움이 된다. 활기가 있다고 느껴지는 것이다.

웃음이 매력이 되는 원리는 간단하다. 진짜로 웃길 때, 웃고 싶을 때, 진심으로 웃는 것이다. 안 웃긴데 억지로 일부러 웃으면 매력이 되는 게 아니라 거부감의 원인이 된다. 너무 큰 소리로 웃거나 일부러 너무 자주 웃어도 역효과를 부른다. 이상해 보인다. 건강하지 않은 것처럼 보이는 것이다.

'잘 웃기만 하면 시집을 잘 간다니 이렇게 쉬운 방법이 또 있나' 싶었지만 사실은 그렇게 간단한 문제는 아닌 것이다. 대부분 타고나는 것이다. 뭐든 쉽게 즐거움을 느끼고 쉽게 웃음이 폭발하는 여자가 있는 반면, 그래서 그런 여자일수록 시집을 잘 가는 반면, 그렇지 못한 여자들도 있는 것이다. 이런 여자들은 억지 웃음을 지어내 봐야 아무 효과 보지 못하고 서로 어색한 분위기만 연출한다. 원래 잘 웃는 체질을 타고났다면 이는 축복받은 매력이다. 잘 웃는 포인트를 숨길 필요 없다. 하지만 그렇지 않은 체질이라면 예의상 억지 웃음 짓지 말고 그냥 무표정하게 있는 게 낫다.

웃음은 활기의 수많은 방법 중 하나일 뿐이다. 핵심은 활기다. 굳이 웃지 않아도 활기를 드러낼 방법은 얼마든지 많다. 밥을 맛있게 잘 먹는 것도, 먹고 싶은 것, 하고 싶은 걸 상상하며 즐거워하는 것도, 좋아하는 음악에 들썩들썩 장단 맞추는 것도, 말을 조리 있게 하는 것도, 모두 활기를 드러내는 좋은 방법들이다. 잘 웃지 않는 체질이면 다른 활기를 모색한다. 그리고 차라리 남들 다 웃을 때 정색하고 가만 있는 역발상 전략을 쓰는 것도 생각해 볼 수 있다. 예상치 못한 것에 매력을 느낀다고 했다. 다들 남들 따라 웃고 있는데 혼자 안 웃고 정색/무표정을 하고 있는 것도 뜻밖의 매력이 될 수 있다. 재미없으면 재미없다, 안 웃기면 안 웃기다, 솔직하게 되바라지게 얘기하는 것도 매력이 될 수 있다. 웃을 때 진심으로 웃겨서 웃어야 매력이 되는 것처럼, 역발상 전략을 쓸 때도 마찬가지다. 진심으로 그러고 싶을 때 그래야 한다. 튀고 싶어서, 나 자신을 증명하고 싶어서 그런 태도를 보이면 심각한 역효과를 부를 수 있다. 솔직함. 눈치 보지 않음. 대범함. 지금껏 설명한 대로다. 매력의 원리원칙은 어떤 상황 어떤 대상에서도 변치 않는다.

남자의 선택을 받는 법

짝짓기 방송이 유행이다. 방송을 보며 그런 생각을 하게 된다. 저런 사람들 사이에서 어떻게 해야 눈에 띄고 인기를 얻을 수 있는 것일까? 굳이 짝짓기 방송 출연이 아니어도 여자가 남자 눈에 띄어야 할 일은 많다. 단체 미팅, 헌팅, 아니면 학원에서, 학교에서, 직장에서, 남자 눈에 띄어 이득을 볼 일은 셀 수 없이 많다. 굳이 짝짓기 방송의 인기녀가 돼 하루 아침에 연예인 되고 광고 출연할 필요 없다. 마음에 드는 남자, 도움이 되는 남자 단 한 명의 눈에 띄는 것만으로도 여자의 인생은 크게 달라질 수 있다.

기본 원리는 언제나, 어디서나, 어떤 경우나 동일하다. 활기다. 여자가 남자의 눈에 띄는 무조건적 최선의 방법은 활기다. 처음에 눈에 띄는 여자는 제일 예쁜 여자다. 외적으로 가장 건강해 보이는, 아름다운 몸과 얼굴을 가진 여자가 눈에 띈다. 하지만, 앞서 설명한 바와 같이, 인간은 살아 숨 쉬는 존재다. 먹고 마시고 말하고 움직이며 다른 사람들과 소통한다.

여기서 매력이 결정된다. 활기가 다른 조건을 압도하는 것이다. 중요한 건 활기를 드러내기 위해 군이 몸을 움직일 필요 없다는 사실이다. 활기를 드러낸다고 춤을 추고 박장대소 하고 열심히 수다 떨 생각을 한다면 이는 잘못된 생각이다. 몸을 움직이는 것은 위험 부담을 갖는다. 경박해 보인다, 정신이 불안해 보인다, 거슬린다, 시끄럽다, 이런 부작용을 낳을 수 있다.

여기서는 가장 안전한 방법, 실패할 가능성이 가장 적은 전략을 이야기한다. 바로 정신의 활기다. 군이 몸을 움직이지 않아도, 시끄럽게 굴지 않아도, 머릿속이 에너지로 가득 차 있으면 그게 자동적으로 드러난다. 눈빛, 태도, 표정, 자세, 숨 쉬고 움직이는 모든 것에 (조용하지만 강렬한) 활기로 나타난다. 당신이 해야 할 일은 머릿속을 에너지로 채우는 것이다. 방법은 다양하다. 몇 가지 예를 들면 다음과 같다.

1) 간절히 하고 싶은 걸 지금 한다고 생각한다. 정말 너무 먹고 싶었던 걸 지금 먹으러 간다든가, 사고 싶었던 옷이나 가방을 사러 간다든가, 오래 참았던 비디오 게임을 하러 간다든가.

2) 무대 위의 나를 상상한다. 무대 위에서 좋아하는 노래를 정신줄 놓고 부르거나, 명연주, 명연설을 하는 모습

을 그리거나, 패션쇼 런웨이에서 당당하게 걷는 나를 상상하거나.

상상 속의 주인공이 되는 것이다. 평소 하고 싶었던 걸 상상 속에서 하는 것이다. 망쳤던 PT를 다시 멋지게 해서 박수갈채를 받을 수도, TV에 나와 하고 싶은 말을 시원하게 할 수도, 과거로 돌아가 놓쳤던 남자를 매력으로 사로잡을 수도 있다. 하고 싶은 걸 상상 속에서 하는 것이다. 내 능력 내 활약으로 세상의 주목을 받는 장면을 그리는 것이다.

이러면 정신적 흥분 상태에 도달하게 된다. 정신적 흥분 상태에 도달한 당신은 남자들의 주목을 받는다. 지금껏 당신에게 아무 관심 없던 남자라도 당신이 이런 정신적 활기 상태에 놓이면 자기도 모르게 관심이 가고 몸이 끌린다. 매력이란 그런 것이다. 탐스럽게 잘 익은 사과에 절로 손이 가는 것처럼, 여자가 활기 넘치면 남자는 자기도 모르게 몸과 마음이 동한다. 외적 활기에는 이런저런 조건이 필요하지만, 머릿속 에너지에는 아무 조건도 밑천도 필요 없다. 언제 어디서든 누구에게나 공짜다. 부작용도 없고 역효과도 없다. 세상에서 가장 안전하고 효과 좋은 매력 활기 증진법이다.

자의식 없애는 법 (퇴짜 맞지 않는 법)

　매력의 가장 중요한 요소는 활기다. 다음으로 중요한 것은 자의식을 죽이는 일이다. 자의식이란 '다른 사람들이 날 어떻게 볼지 신경 쓰는 것'을 말한다. 다른 사람이 날 어떻게 볼지 신경 쓰는 순간 매력은 제로가 돼 버린다. 세상의 눈치를 보는 사람에게 매력은 없다. 여자가 아무리 예뻐도 사람들 눈치를 보면 그 즉시 매력을 잃는다. 남자를 처음 만나 몇 시간 만에 매력을 잃는 이유 역시 대부분 자의식 과잉 때문이다. 남자를 소개받았는데 잘 안 된 원인의 80%는 자의식 과잉일 정도로 자의식의 문제는 매력에 매우 치명적이다. 자의식을 없애야 매력도 있다. 자의식 과잉인데 매력을 얻겠다는 건 백사장 위에 건물을 짓겠다는 것과 다르지 않다.

　자의식을 죽이는 가장 좋은 방법은 '내가 아닌 다른 것에 집중을 하는 것'이다. 평소에는 멀쩡하다 소개팅에 나왔을 때, 남자 앞에서만 자의식 과잉이 되는 여자들이 많다. 왜냐하면 남자가 자기를 어떻게 볼지 신경 쓰기 때문이다. 이 남자와 잘되고 싶다는 생각에, 남자 눈에 완전 무결한 요조숙녀가 되기 위해 자의식 과잉 상태에 이르는 것이다. 이런 경우 남자 앞에서 다른 생각을 하는 훈련을 한다. 남자가 하는 말이나 남자의 시선에 신경 쓰지 말고, 전혀 엉뚱한 것을 생각하는 것이다. 지금 당장 북한이 쳐내려왔을 때 피난 요령, 핵전쟁이 났을 때 대처 방법, 여기서 화재가 발생했을 때 어디로 어떻게 도망가야 할지 등, 눈앞의 남자와 전혀 관계 없는, 뭔가 급박한 것을 생각한다. 이때 다른 곳을 바라보거나 딴청을 피우면 안 된다. 딴청을 피우는 것처럼 보일 경우 무례한 여자가 될 수 있다. 딴 생각을 할 때는 남자의 목이나 가슴, 혹은 테이블이나 바닥을 바라보며 이따금씩 고개를 끄덕이며 경청하는 척을 한다. 그러다 남자가 뭔가 물어보거나 피드백을 요구하면 '예? 뭐라고 하셨죠?'라고 천진난만하게 되묻는다. 자의식 과잉으로 남자 앞에서 부담스러운 모습을 보이는 것보다는 이렇게 제멋대로 말 안 듣는 어린아이가 되는 것이 낫다.

경청이 매력의 중요한 요소라고 했지만, 자의식 과잉 상태에서는 경청하는 태도조차 거부감의 원인이 된다. 경청으로 자의식 과잉 상태가 될 것이면 차라리 경청하지 않는 것이 낫다. 남자 말에 집중하지 않고 다른 생각에 빠지거나 정신 나간 멍한 상태로 있는 게 더 매력적이다. 중요한 건 내가 사라져야 한다는 것이다. 남자의 말에 집중해서 자의식이 사라진다면 그게 최선일 것이다. 하지만 남자의 말에 집중해도 자의식과 불안감, 눈치 보는 마음이 사라지지 않는다면 지금 말한 응급 요법을 쓰는 수밖에 없다. 최근 본 영화를 떠올리든, 즐거웠던 여행 기억을 떠올리든, 재수 없었던 화가 나는 인간을 떠올리든, 어떤 식으로든 나에 대한 의식을 없애는 것이다. 핵심은 내가 아닌 '목적'에 집중을 하는 것이다. 내 눈앞의, 혹은 과거/미래의 특정 대상에 집중하는 것이다. 그 대상이 무엇이든, 거기에 몰두하면 자의식은 자연스럽게 사라진다.

남자에게 거절당했을 때

원하는 이성을 사귀는 최선의 방법 단 하나만 말한다면 그건 거절당하는 걸 두려워하지 않는 것이다. 이성에게 거절당하거나 차이는 걸 두려워하지 않는 사람이 결국 이상형과 결혼한다. 말하자면 거절당하는 걸 두려워하지 않는 것 자체가 궁극의 매력 필살기인 셈이다. 될 때까지 계속 이 사람 저 사람 찔러 보는 것. 이것보다 더 '실질적으로' 이성 관계에 도움되는 전략은 없다.

그래서, 중요한 건 거절당했을 때 대처법이다. 거절을 앞으로 백번 넘게 당할 것이니 그럴 때 어떤 마음가짐을 가져야 하는지, 어떻게 대응해야 하는지, 대비가 돼 있어야 한다. (매력 실전 사용법 1. 접근 가능한 대상인지 확인'에서 이미 거절당했을 때 대처법에 대해 자세히 설명했다. 거기서 설명하지 않은 이야기를 여기 추가한다. 기본적인 방법과 마음가짐은 해당 챕터에 자세히 나오니 참고 바란다.)

기본적으로, 거절을 당하는 것도 일종의 기술이라는 사실을 깨닫는다. 겁이 나서 우물쭈물하다가 마지못해 접근하면 거절을 당하는 게 아니라 무시를 당한다. 남자 입장에선 이 여자가 뭘 하려고 접근한 것인지 전혀 모르는 상황이 되어 버리는 것이다. 처음부터 '그래, 나 오늘 거절당하기 실적 올리러 간다!'는 마음가짐으로 대범하게 당돌하게 확실하게 접근해야 한다. 말을 충분히 알아들을 수 있는 가까운 거리에서, 남자 얼굴을 빤히 바라 보며, 누구나 똑똑히 알아들을 수 있는 목소리로 분명하게 딱 부러지게 말해야 한다. '뭐뭐 같이 하실래요?', '전화번호 드려도 될까요?', '괜찮다면 번호 알려주실래요?' 남자의 특정 액션을 요구하는 확실한 질문을 해야 한다. 남자 앞에서 그렇게 말할 자신이 없으면 처음부터 시도도 하지 않는 것이 최선이다. 매력은 이진법이다. 하면 되는 것이고, 안 하면 안 되는 것이다. 중간은 없고 애매하면 안 하는 것이 낫다. 이렇게 하면 남자는 당신을 무시할 수 없다. 애매한 태도로 꽁무니 뺄 수도 없다. 좋다/싫다, 한다/안 한다, 답을 줄 것이다.

원하는 답변을 받지 못했을 때 태도가 중요하다. 거절을 당해도 여전히 의연하고 당당해야 한다. "어머 싫으시구나. 아이고 민망해라" 이렇게 말한다. 이때 표정도 중요하다. 아무렇지 않은, 자연스러운 표정을 지으며 경쾌하게 물러난다. '아무리 거절당해도 명랑하고 유쾌한 나', '100명에게 거절당하면 101명째 들이대는 나' 컨셉에 취한다. 이는 정신이 건강하다는 증거다. 이런 자의식은 얼마든지 강화해도 괜찮다. 세상은 넓고 남자는 많기에 실망하거나 굴할 일 전혀 없는 것이다. 이 남자 저 남자 다 들이대 보면서 남자를 배우는 것이다. 남자의 다양성, 의외성, 여자를 대하는 패턴을 발견하는 것이다. 곤충기를 쓰는 파브르가 된 기분에 취하는 것이다.

밀당의 기술

밀고 당기기, '밀당'은 남자와 관계를 오래 유지하기 위한 최고의 전략이다. 관계를 오래 유지하기 위해 '무조건 잘해 주기'를 택하는 여자들이 많은데, 이러면 좋은 남편감에게는 쉽게 차이고, 나쁜 남편감과 맺어져 고통의 인생을 살게 된다. 밀당은 그 반대의 기술이다. 절대로 마냥 잘해 주지 않는 것이다.

밀당의 기술은 남자의 욕구를 완전히 채워 주지 않는 것에서 시작된다. 애정, 관심, 섹스, 결혼 등, 남자가 원하는 걸 '해 줄 것처럼 굴면서 미루거나, 한 번만 해 주고 안 해 주는 것'이다. 가령, 남자가 섹스를 원한다면, '매력 필살기—3. 낚시'에 나온 대로 "아직은 때가 아니니 조금만 기다려라"라는 식으로 미룬다. 여자 본인이 내키는 상황이라면, '그래 한번 하자' 시원하게 해 주고, 그 뒤로는 아무리 애걸복걸 해 달라고 매달려도 딱 잘라 거절한다.

감질나게 하기 챕터에서 설명한 대로다. 잘해 줬다 냉랭해지는 것이다. 내킬 때는 해 달라는 대로 다 해 주다 어느 날 갑자기 차갑게 나오는 것이다. 내일 당장 결혼해서 애 낳아 줄 것처럼 굴다가 다음날 언제 그랬냐는 듯 무심해지는 것이다. 금방 달아올랐다 금방 식어 버리기. 이 패턴을 반복하면 남자는 뜨거웠던 기억, 달콤했던 기억에 집착한다. 계속 뜨겁고 달콤하기만 하면 남자는 자극에 둔해진다. 여자가 아무리 잘해 줘도 별로 즐겁지 않은 것이다. 여자가 당연해 보이는 것이다. 잘해 줬다 풀어 줬다 냉온탕을 반복해야 남자가 여자 고마운 줄 안다. 아주 작은 친절에도 감사해서 몸 둘 바를 모르게 된다.

냉랭하게 대한다고 일부러 못되게 굴거나 무례하게 대할 필요는 없다. 잘해 주지만 않으면 된다. 잘해 줄 때 화끈하게 잘해 주고 그러고 나서 차가워지는 것이 포인트다. 뜨거울 때 아주 뜨거웠다가 차가울 때는 칼같이 돌아서서 아무 신경 쓰지 말아야 한다. 열을 식힌다는 기분으로, 관계에 휴식기를 둔다는 생각으로, 얼음덩어리처럼 무심해야 한다. 누구나 쉽게 습득 가능한 패턴이다. 항상 애매하게 적당하게 늘 항상 일정하게 남자를 대하기 때문에 매력이 없는 것이다. 관계에 높낮

이가 없기에 뜨거워질 수도 없고 차가워질 수도 없는 것이다. 그러다 지루하다고 식상하다고 재미없다고 차이는 것이다.

남자는 여자와의 관계에 불안감을 느껴야 한다. 감질나는 것과 동시에 경각심을 느끼는 것이다. 남자가 마음에 안 드는 행동을 하면 아무 말 하지 말고 연락을 끊는다. 아무 말 하지 말고 화도 내지 말고 그냥 조용히 행동하는 것이다. 그러면 남자는 '내가 뭔가 잘못했나'하고 제 자신을 돌아보게 된다. 남자에게 '언제든 마음에 안 들면 관계가 끝날 수 있다'는 신호를 주는 것이다. 이때 정말로 관계가 끊겨도 상관없다는 생각이어야 한다. 여자가 먼저 불안감을 느낄 것 같으면 처음부터 이런 시도는 하지 말아야 한다. 가장 나쁜 것은 관계를 깰 생각이 전혀 없으면서, 관계가 깨질까 봐 노심초사 두려움에 떨며 물고 늘어지는 것이다. 이러면 백발백중 남자는 여자에 매력을 잃고 관계를 청산할 궁리를 한다. 화내기, 잔소리하기, 캐묻기, 물어뜯기 등등은 매력도 망가뜨리고 관계도 망하게 하는 최악의 행동들이다. 그냥 아무 말 없이 연락을 끊으면 된다. 그러고 나서 며칠 뒤에 다시 내킬 때 연락을 받아주거나 먼저 연락하면 된다. 이때 절대로 기분 나빴던 일, 연락이 끊겼던 일에 대해 언급하면 안 된다. 아무 일 없었던 것이다. 기분 나빴던 일도 없었고, 연락이 끊겼던 일도 없었던 것처럼 다시 만나는 것이다. 다시 말한다. 남자가 스스로 '내가 뭘 잘못했나' 깨닫게 해야 한다. 관계에 불안감을 갖게 만들어야 한다. 남이 강제로 알려 주는 것이 아니라 스스로 알게 만드는 것이다. 그게 밀당 기술의 핵심이다.

핵심은 '한결같지 않아야 한다는 것'이다. 둘이 이미 결혼했거나 결혼한 사이라면 '한결같은 여자'가 최고의 장점이지만 그렇지 않은 관계에서는 매력 없는 여자로 전락할 수 있다. 밀당은 이미 안정적인 관계, 결혼했거나, 결혼할 관계에서는 쓸 필요 없다. 뭔가 불안하고 삐걱대고 소원해진 관계에선 밀당이 최선의 치료책이 될 수 있다.

밀당의 기술이 좋은 가장 큰 이유는, 이렇게 했을 때 떨어져 나가는 남자는 1) 원래 여자에게 진지한 관심이 없었거나, 2) 여자를 이용해 먹으려고 했던 남자라는 점이다. '이렇게 해서 남자가 진짜 도망가면 어쩌지' 생각은 잘못된 생각인 것이다. '이렇게 해서 남자가 도망가면 나는 고맙지'라고 생각해야 한다.

어장 관리법 (동시에 다른 남자 만나기)

마음에 있는 남자들과의 관계를 끊지 않고 계속 만나는 것을 '어장 관리'라고 한다. 쉽게 말해 2명 이상의 남자를 동시에 만나는 것이다. 이걸 남자가 알게 하는 수도 있고 모르게 하는 수도 있는데 중요한 건 그게 아니다. 중요한 건 남자들의 거부감이나 복수심을 사지 않는 것이다. 그러니까 아무 탈 없이 다수의 남자들을 들었다 놓았다 하는 것이다. 영화 드라마에서 나오는 설정 아닌가 싶지만, 여자의 어장 관리는 매력 증진을 위한 대단히 유익한, 실리적인 전략이다.

1) 한 남자에게 집착 과몰입 하지 않게 해 줌.
2) 남자가 마음에 들지 않으면 아무 미련 없이 관계를 끊거나 멀리할 수 있음.
3) 남자에게 더 대범하고 너그러울 수 있음.
4) 남자 관계에서 언제나 우위를 점할 수 있음.
5) 질투의 대상이 아닌 선망의 대상. 여러 남자에게 구애받는 인기녀의 지위를 누릴 수 있음.
6) 좋은 남편감과 결혼할 가능성 높아짐.

어장 관리의 기본은 '남자에게 성적 기대감'을 심어 주는 것이다. 남자에게 성적 기대감이 없으면 어장도 없다. 성적 기대감을 심어 주는 방법에 대해서는 이미 앞서 매력 실전 사용법에서도, 성관계 거절하는 방법에서도 설명했으니 여기선 생략한다. 여기서 이야기할 것은 성적 기대감을 유지하는 문제다. 한 사람일 때는 쉽다. 섹스를 미루거나 유사 성행위로 기대감을 충족시킬 수 있다. 하지만 여러 명일 때는 어렵다. 남자는 눈치가 빠른 동물이다. 특히 사냥과 번식에 관해서는 초능력과 다름없는 감지 능력을 보인다. 여자가 아주 조금만 관심이 틀어진 것 같아도 단박에 알아차린다. 여자가 아주 살짝만 애정이 다른 쪽으로 기울어진 것 같아도 눈치를 챈다. 이 여자가 지금 다른 남자에게 더 관심이 가 있다는 느낌이 들면 남자는 성적 기대감을 잃는다.

말하자면, 어장 관리의 기본은 남자 한 사람 한 사람 매번 공평하게 변함없이 정성을 다하는 것이다. 남자 앞에서 기분이 좋지 않고 몸이 뻐근해도 최선을 다해 기쁜 마음으로 응대를 해 주는 것이다. 고객 서비스 직원처럼 기계적으로 대하는 것이 아니라, 자동차 영업 사원처럼 혼을 바쳐 대하는 것이다. 어장 관리녀의 직업은 공연인Performer이다. 남자를 만날 때마다 무대에서 공연하는 가수/배우가 되는 것이다. 말하자면 준연예인인 것이다. 여러 남자 한꺼번에 만나기 피곤하지 않나, 귀찮지 않나, 비경제적이지 않나, 이런 질문에 대한 답이다. 연예인이 된 기분을 누리는 것이다. 어장 관리는 굳이 일부러 억지로 하는 게 아니다. 아무리 여자 인생에 이롭다고 해도 어장 관리를 하기 위해 억지로 다수의 남자를 만날 필요는 없다. 어장 관리는 매력의 일부다. 자연발생적이어야 한다. 마음에 드는 남자가 너무 많아서, 도저히 버릴 수가 없어서, 불가피하게 여러 남자를 동시에 만나야 하는 자연스러운 상황이 벌어진 것이다. 물론 일부러 연예인의 지위를 자처할 수도 있다. 원래 연예인 기질이 있는 여자면 굳이 일부러 나서서 어장 관리를 하는 수도 있다. 어떤 상황, 어떤 경위로 어장 관리를 하게 됐든, 여러 남자를 동시에 만나는 입장이면 연예인이 된 기분으로 하라는 것이다. 스포트라이트 받는 무대 위의 주인공이 된 기분으로, 팬과 인기, 평판을 관리한다는 생각으로, 보람/자부심/재미를 느끼는 것이다. '나는 연예인이며 팬들에게 최선을 다할 의무가 있다' 이런 마인드가 없으면 애당초 어장 관리를 하지 않는 것이 최선이다.

달리 말하면, 이걸 감내할 수 있는 남자만 골라 놓아야 하는 것이다. 연예인은 불특정 소수를 대상으로 공연을 하지만, 어장 관리녀는 내가 선택한 특정 다수를 대상으로 공연을 하는 것이다. 그러니 공연을 위한 대상과 숫자를 철저하게 제한해야 한다. 내 공연을 굳이 볼 자격이 없는 남자는 과감하게 어장에서 내보내야 한다. 내 공연 스케줄이 허용하는 한도까지만 담아야 한다. 연예인의 팬은 많으면 많을수록 좋지만 어장 관리녀의 팬은 절대로 그렇지 않다. 반드시 '엄선된 컬렉션'이 되어야 한다. 본인이 최선을 다할 가치가 있는 남자만 골라, 본인의 시간과 노력이 허용하는 수만큼만 제한하는, 일종의 고가의 미술 갤러리 관리자처럼 되어야 한다.

반복해서 강조한다. 매력의 핵심 전략이다. 중간은 없는 것이다. 애매한 선택은 하지 않는 것이다. 모 아니면 도. 맺고 끊는 것이 확실한 것이다. 이 사람은 IN, 저 사람은 OUT, 그렇다, 아니다, 여기까지만. 이런 태도가 중요하다. 이런 딱 부러지는 단호한 자세가 당신을 더욱 매력적으로 만들어 준다. 남자로부터 불쾌한/위험한 일을 당할 일도 줄여 준다. 그러니 더욱 더 과감하게 남자를 자르고 내친다. 질 떨어지는 남자, 몸이 건강하지 못한 남자, 정신이 건강하지 못한 남자, 관계를 즐기지 못하는 남자, 관계 정의를 요구하는 남자, 관계에 집착하고 과몰입하는 남자, 모두 가차없이 쳐 내고 버린다. 어장에 남자가 0명이 되더라도 전혀 상관없는 것이다. 어차피 내일 자고 일어나면 새로운 남자 100명을 더 만나게 될 것이기 때문이다.

온라인에서의 매력

과거에는 사람을 직접 만나지 않으면 매력을 발휘할 수 없었다. 사람을 만나지 않고 사람을 유혹한다는 건 있을 수 없는 일이었다. 하지만 지금은 가능하다. 인터넷 시대의 최대 장점은 집에 가만히 홀로 앉아 수많은 남자들을 애간장 태울 수 있다는 점이다. 직접 만나지 않아도 되기 때문에 매력이 더 효과적일 수 있다. 직접 보지 못한다는 건 모든 걸 마음먹은 대로 꾸밀 수 있다는 의미다. 온라인 가상 인격에 매력을 부여하는 작업은 나만의 소설 속 등장인물을 만들어 내는 것과 다르지 않다. 어장 관리가 '오프라인에서 연예인 되기'였다면, 온라인 매력은 '가상 세계 연예인(인플루언서) 되기'다.

온라인 매력의 핵심은 '보여 주고 싶은 것만 보여 주는 것'이다. 오프라인에서는 이게 불가능하다. 직접 봐야 하니까 자신의 말과 행동과 신체가 다 드러날 수밖에 없다. 하지만 온라인에선 아무것도 드러낼 필요 없다. 내가 보여 주고 싶은 것만 보여 주고, 나머지는 사람들의 상상에 맡길 수 있다. 여기에 온라인 매력 포인트가 있다. 실제론 아무것도 아닌, 매력지수 제로의 인간들이 SNS에선 인플루언서 연예인이 될 수 있는 비결이다. 내가 보여 주고 싶은 것만 보여 주는 것. 보여 주기 싫은 것, 불필요한 부분은 편집해 버리는 것. 여기에서 온라인 매력이 좌우된다.

1) 사진

온라인에서의 매력도 기본은 같다. 성적 기대감을 심어 주는 것이다. 감질나게 하는 것이 핵심이다. 노골적이지 않아야 한다. 프로필 사진부터 바꾼다. 유치한 얼짱 각도 사진은 버린다. 내 신체 부위 중 가장 섹시한 곳을 찾는다. 눈이든, 목이든, 허리든, 어깨든, 다리든, 남자가 성적 상상을 할 수 있는 가장 감질나는 부위가 최선이다. 어떤 이들은 기를 쓰고 자신의 얼굴 몸매를 몽땅 다 예쁘게 보여 주려 한다. 표정을 짓고 자세를 취하고 조명과 각도를 잡는다. 식상한 게 문제가 아니라 노골적인 것이 문제다. 얼굴이나 몸이 노골적으로 드러난 사진은 금세 질린다. 온라인 프로필 사진은 '은근하게 섹시'해야 한다. 얼굴이든 몸매든 일부만 보여 주고, 나머지가 어떻게 생겼는지는 남자의 상상에 맡겨야 한다. 그래야 남자가 기억하고 생각한다. 질리지 않고 지속적으로 성적 흥미를 갖는다. 2019 코로나 대란으로 모두가 마스크를 쓰고 다녔을 때를 기억한다. 그때 여자 번호 따는 남자 수가 급증했다. 왜. 마스크로 얼굴 절반을 가렸기 때문이다. 가려진 나머지 부분이 어떻게 생겼는지 상상했기 때문이다. 이 때문에 성적 기대감이 급증한 것이다. 이 심리를 적극 이용해야 한다. 온라인에서는, 아무리 절세미녀라도, 다 보여 주지 않는 것이 최선이다. 프로필 사진뿐 아니라 다른 사진들도 마찬가지다. 홍보 등의 목적으로 일부러 내 신상을 드러낼 필요가 있는 게 아니라면 제일 섹시한 부분만 감질나게 잘라서 보여 준다. 정물 사진을 찍어도 일부만 나오게 잘라서 올린다. '다 안 보여 주기', '감질나게 하기' 이게 컨셉인 것이다. 초지일관 변치 않는 매력의 컨셉으로 삼는 것이다.

2) 글

'다 보여 주지 않기'는 글에도 적용해야 한다. 글은 말이나 표정이나 행동과 달라서 한참을 더 생각하고 표현할 수 있다. 아무리 뭔가 북받쳐 올라도 잠시 숨을 고른 뒤에 글을 쓰면 훨씬 더 차분하고 간결해진다. 프로필 사진을 대충 찍은 대로 올리면 거부감만 사는 것처럼, 글도 쓰고 싶다고 그냥 배설하듯 싸지르면 거부감만 산다. 화가 머리 끝까지 났다면 빈정대는 수준에서 그친다. 누군가 마음에 들지 않으면 반어법으로 알 듯 모를 듯하게 한다. 기쁘고 행복하면 담담히 있었던 사실만 최소한으로 기록한다. 우울하고 심심하면 노래나 영화 제목으로 마음을 대신한다. 온라인에서는 완곡어법을 생활화한다. 잔잔하게. 부드럽게. 누그러뜨리고Toned down. 절제하며Understated. 나 자신을 30%만 보여 준다고 생각한다. 온라인에서는 절제해야 더 많은 사람의 호감을 얻는다. 노골적인 걸 원하는 사람은 가난뱅이와 범죄자뿐이다. 아무리 비주류에 거칠고 사나운 취향도 30%만 노출하는 절제된 표현법에 매력을 느낀다. 개성과 주관을 갖는 것은 좋지만 이걸 공격적으로 드러내거나 노골적으로 강요하면 매력이 죽는다. 온라인에선 더욱 그렇다.

사진과 글로 아무리 사람을 감질나게 해도 매일 올리는 글이 초등학생 일기면 매력 없다. 온라인에서의 매력은 '있어 보이기'로 완성된다. '감질나게 하기'로 미끼를 던진 후에, '있어 보이기'로 구독자/팬을 만드는 것이다.

없어 보이는 글을 자제하는 것이 가장 중요하다. 의미 없는 미사여구 클리셰 예의범절 구구절절 상황 설명 전부 집어 치운다. 날씨 감상, 하루 일과, 가족 이야기, 감상 젖은 영화 독후감 같은 뻔하고 식상한 이야기들도 집어 치운다. 남다른 데가 있어야 매력이다. 여백과 파격. 예상치 못한 면이 매력을 만든다. 방문객과의 '소통'도 집어치운다. '여러분은 어떻게 생각하세요', '의견 부탁드려요', 같은 '엎드려 절 받기 커뮤니케이션', '관심 구걸'은 절대 하지 말아야 한다. 관심을 구걸하는 행위는 눈치를 본다는 뜻이다. 본인이 정신적으로 불안하다는 증거다. 보는 사람을 불편하게 만든다. 건강하고 매력 있는 사람들은 떠나고 매력 없는 관심종자들만 남게 만든다. 매력은 독재다. 사람의 마음을 지배하는 것이지 동등하게 어울려 사는 게 아니다. 내가 하고 싶은 말만 하고 끊는다. 남들 비위 맞춰 주고 남의 취향 따라갈 생각하지 않는다. 남들이 내 비위를 맞춰 주고 내 취향에 따라오게 한다. 다시 말한다. 내가 하고 싶은 말만 하고 끊는다. 그게 '있어 보이기'의 모든 것이다.

가장 쉬운 건 문장을 인용하는 것이다. 멋진/재미있는/흥미로운 짧은 문장을 올리는 것이다. 본인이 쓴 글도 좋지만 남이 쓴 글도 괜찮다. 다른 위인/유명인이 했던 말도 괜찮다. 화제가 된 뉴스와 연관된 (시의성 있어 보이는) 문장을 인용하는 것도 효과적이다. 아니면 개인사와 관련된 문장을 써도 좋다. 자주 가는 장소에 관한 추억도 좋은 소재가 된다. 마치 하루키의 소설 한 구절처럼. 사진도 그렇게 올린다. 물건/아이템 사진조차 일부만 보이게 잘라서 올리라고 했다. 나머지 부분은 보는 사람이 추측하도록. 호기심을 자극하는 것이다. 더 알고 싶게, 아는 척하고 싶게, 그렇게 알 듯 말 듯 일부만 보여 주며 사람들을 낚는 것이다. 예를 들어, 새로 산 명품 가방도 손잡이 부분만, 한 귀퉁이만 예술 사진처럼 잘라서 보여 준다. 명품 가방을 샀다고 신난다고 다 (심지어 가격표까지) 보여 주면 사람이 없어 보인다. 그렇게 자기 사생활 배 갈라서 다 공개하면 사람들은 매력을 느끼는 게 아니라 지루함을 느낀다.

'다 안 보여 주기', '감질나게 하기' 컨셉은 당신을 정신적으로 성숙한 여자로 보이게 만든다. 함부로 해서는 안 될 것 같은 여자, 뭔가 있어 보이는 여자라는 인상을 주는 것이다. 이 컨셉은 온라인에서 처음 본 남자들의 관심을 받는 데에도 효과적이지만, 소원해진 관계, 아쉬운 관계, 아니면 이미 헤어진 남자의 관심을 불러 일으키는 데에도 효과적이다. 어장 관리의 매력은 무대 공연 같은 것이라고 했다. 그 자리에서 매력을 전달하지 못하면 공연은 망한다. 대부분 다시 기회를 얻지 못한다. 하지만 온라인에서의 매력은 낚시와 같다. 지금 당장 매력이 없어도 차근차근 방법을 익히며 끈기 있게 기다리면 월척을 낚는다. 입질이 없으면 미끼를 바꾸고, 그래도 시원치 않으면 낚시터를 바꾸면서, 상대가 감질나 못 견딜 때까지, 천천히 조금씩 꾸준히 미끼를 던지며 기다려야 한다.

성형과 매력

많은 이들이 외모를 '예선전', '입사 지원서' 같은 것이라고 말한다. 일단 외모가 눈에 띄어야, 최소한 어느 정도 호감은 주어야 매력을 얻을 수 있다는 주장이다. 틀린 말은 아니다. 매력은 건강이며, 인간이든 동물이든 일단 외모를 보고 건강을 판단하기 때문이다. 성형을 당연시/정당화하는 근거다. 일단 성형을 해야 매력이든 뭐든 생길 수 있다는 주장이다.

하지만 실제 결과는 이들의 주장과 다르다. 외모를 고쳐서 매력을 얻고 인생이 잘 풀린 경우는 외모로 밥벌이를 해야 하는 경우가 대부분이고, 개인과 개인 사이 관계에서는 성형이 도움되는 경우가 많지 않다. 이유는 간단하다. 매력은, 지금까지 설명했듯, 정신 건강이 더 크게 작용하기 때문이다. 성형을 해서 정신이 건강해졌다면 큰 도움이 되었겠지만, 그렇지 않은 경우가 대부분이기 때문이다. 성형 미인인데 정신 병자인 경우와 성형 안 한 추녀인데 정신이 건강한 경우를 비교하면 답은 뻔하다. 어느 쪽 인생이 더 잘 풀렸을까, 누구의 인생이 더 해피엔딩일까 굳이 사례를 들어 비교할 필요도 없다. (성형으로 외모가 더 건강해 보이는 경우가 많지 않다는 점도 문제다. 원래 불편한 문제가 있는 외모였을 경우에는 건강해 보이는 것이 사실이나, 별문제 없는 외모를 성형으로 뜯어 고칠 경우에는 건강해 보이지 않는 경우가 많다.)

못생긴 외모를 내세웠던 개그우먼들을 떠올려 보자. 각자 관점과 취향에 따라 다르지만 이들이 예쁘다고 생각하는 남자는 거의 없을 것이다. 성격이 좋은 것도 아니었고, 일등 신붓감처럼 보였던 것도 아니다. 일부는 몰상식한 말과 행동으로 구설수에 오르기도 했다. 하지만 결과는 성공한 인생이다. 이들은 자신들 외모에 대한 손가락질 비웃음과 상관없이, 성공적인 결혼을 했고, 지금도 행복한 인생을 영위하고 있다. 그래서 지금껏 설명한 것이다. 매력은 외모가 아니라 마음가짐이라고.

　매력 필살기에서 강조했다. 세상은 내가 믿는 대로 믿는 법이라고. 내가 스스로 추하다고 믿으면 다른 사람들도 추하다고 믿는다. 내가 스스로 추하지 않다고 믿으면 다른 사람들도 추하지 않다고 믿는다. 'Beauty is as beauty does.' 서양의 격언이다. '사람이 아름다운 건 아름다운 행동을 하기 때문.' 사람은 타고나는 게 아니라 행동으로 결정되는 것이라는 뜻이다. 내가 스스로 못생겼다고 믿어서 성형을 하면 당신은 평생 죽을 때까지 성형을 해도 못생긴 것이고, 나는 예쁘다고 믿어서 성형을 하지 않으면 당신은 평생 성형을 하지 않아도 예쁜 사람인 것이다. 다시 말한다. 인간은 사회적 동물이고, 세상은 당신이 믿는 대로 당신을 믿는다. 당신이 당신을 A라고 믿으면 세상도 당신을 A라고 믿고, 당신이 당신을 B라고 믿으면 세상도 당신을 B라고 믿는다.

　수백수천만 원 들여서 피 흘리고 성형하는 것과, 돈 한 푼 들이지 않고 마음가짐만 바꾸는 것, 뭐가 더 경제적인지는 말할 필요도 없다. 마음가짐은, 처음에는 잘 안 되더라도, 점차 돈 들이지 않고 계속 바꿔 나갈 수 있지만, 성형은 그렇지 않다. 돈도, 시간도, 건강도 결국 바닥난다. 마음이 바뀌지 않으면 결과는 언제나 똑같다. 나를 믿지 못하고 남을 믿을수록, 그래서 성형 중독에 빠질수록, 몸과 마음은 점점 더 병들어

간다.

성형을 하는 것은 나의 마음가짐에, 정신 건강에 도움될 때 하는 것이다. 매력의 본질은 외모가 아닌 마음가짐이며, 마음가짐에 도움이 된다고 생각되면 그때 성형을 결정하는 것이다. 자기 만족, 자존감, 미적 취향 때문에 성형을 하는 것은 어쩔 수 없는 일이다. 하지만 생판 남 때문에, 또는 특정한 누군가를 위해, 혹은 아직 만나지도 않은 막연한 타인에게 잘 보이고 싶어서 성형을 한다면 이는 99% 불행을 불러오는 최악의 선택일 수 있다. 이런 경우 성형은 마음가짐이나 정신 건강에 도움이 되지 않으며, 악영향을 미칠 가능성이 높다.

미국에선 성형 수술을 한 여자들의 자살률에 대한 연구가 꾸준히 보고된다. ('Plastic Surgery and Suicide: A Clinical Guide for Plastic Surgeons', Vikram Reddy & M Justin Coffey, 2016 Aug 9) 특히 가슴 성형은 신체 건강, 정신 건강에까지 매우 심각한 악영향을 미친다. 고소득 고학력 남자일수록 가슴 성형을 한 여자한테 거부감을 느끼는 경향이 강하며, 좋은 남편감일수록 큰 가슴 성형 가슴에 혐오감을 느끼는 경우가 대부분이다. 가슴 성형은 나쁜 남편감, 결혼 결격 사유자들을 끌어들이는 자석 역할을 하기에 더더욱 신중하게 판단해야 할 문제다.

외모와 매력에 관한 진실들

1) 외모—시각적 매력의 가장 심각한 비극은 경쟁적일 수밖에 없다는 점이다. 아무리 지금 당장 최고의 미모인 것 같아도, 또 다른, 더 예쁜 미모와 나란히 놓으면 주목받지 못하고 '예선 탈락'해 버린다.

2) 아무리 우월한 외모도 자고 일어나면 그보다 더 우월한 외모와 경쟁에서 밀려 나기 마련이며, 아무리 마음에 드는 완벽한 외모라도 그다음 날이면 질리거나, 취향 차이에 의해 거부될 수 있다.

3) 나이가 들수록 외모 경쟁력은 하락할 수밖에 없으며, 새로운 외모에 의해 밀려나게 된다. 시각적 매력을 추구하는 여자일수록 나이 들어 불행해지는 까닭이다.

4) 마음가짐—정신적 매력의 최고 장점은 경쟁하지 않는다는 점이다. 눈에 보이지 않기 때문에, 사람 간 상호작용을 통해서만 느껴지는 매력이기 때문에, '경쟁적 예선 탈락'의 부조리를 겪지 않는다.

5) 정신적 매력은 나이 들수록 강화되며, 서로의 관계를 더 깊어지게 만든다.

6) 정신적 매력은 그 사람의 외적 건강이 무너지더라도, 심지어 장애를 겪고 외모에 문제가 발생해도 변함없이 유지된다.

돈과 매력

돈이 많으면 매력 있어 보인다. 아무리 못생기고, 성격 나쁘고, 대면하기 싫은 사람도 돈이 많으면 많은 친구들과 애인들을 거느릴 수 있다. 그래서 돈이 곧 매력이라는 주장을 할 수 있지만, 사실을 말하자면, 돈은 매력에 도움이 되지 않는다. 돈이 많아서 인기가 많은 것은 그 돈에 대한 '필요' 때문이지, 그 돈을 가진 사람의 '매력' 때문은 아니다.

매력은 건강이라고 했다. 이 말은 '그 사람의 본질'이라는 뜻이다. 매력은 그 사람의 본질 때문에 느껴지는 특성이다. 그 사람의 유전자, 성격, 말투, 행동 패턴, 능력, 잠재력 같은 본질적 특성이 매력을 결정한다. 돈은 돈일 뿐이다. 돈은 그 사람의 유전자와 관련이 없다. 그 사람의 매력도, 성격도, 사회성도, 심지어 능력도 보장해 주지 못한다. 돈을 많이 벌었으니 당연히 능력이 있겠지 생각하기 쉽지만 실제론 그렇지 않은 경우가 많다. 운, 협잡, 혹은 범죄일 수도 있다. 돈이 많은 건 지금 돈이 많은 것이지 그게 영원하리라 생각하는 사람은 없다. 돈을 과시하는 사람에게 몰려드는 사람들은 돈이 궁한 사람들이다. 돈에 매력을 느끼는 까닭은 돈이 없기 때문이다. 돈이 많은 사람일수록 돈을 보고 접근하는 사람들을 싫어하는 이유다. '나를 보고 접근한 게 아니라 돈을 보고 접근했다' 이는 곧 이 사람에게 어딘가 문제/결핍이 있다는 사실을 의미하기 때문이다.

　돈보다는 직업이 더 매력에 도움된다. 돈은 그 사람의 능력과 직접 관련이 있는지 불확실하지만, 직업은 직접 관련이 있기 때문이다. '그 사람 부자야' 이 말에 매력을 느끼는 건 부자라는 물질적 환경 때문이지 그 사람 때문은 아니다. '그 사람 의사야' 이 말에 매력을 느끼는 건 의사라는 직업 자체보다 그 사람이 똑똑하고 성실하고 유능할 것이라는 예상 때문이다. 한편, 돈은 화재, 재난, 범죄, 법적 문제, 불운 등으로 내일 당장 사라져 버릴 수 있지만 직업과 사회 경력은 그렇지 않다. 직업과 사회 경력이 있으면 언제든 또 돈을 벌 수 있고 언제든 다시 부유해질 수 있다. 이와 비슷한 관점에서보면, 매력에는 돈보다 가족/친구/지인의 수준이 더 도움된다. 사회적 지위, 인기, 평판, 이런 것이 사람의 본질에 더 가깝기 때문이다. 부의 지속성에도 더 큰 영향을 미치기 때문이다.

　여자가 돈이 많은 것은 비슷한 조건의 돈 많은 남자를 만나기 쉽다는 장점을 갖는다. 여자가 돈이 많다고 매력을 느끼는 남자는, 돈도 없고 매력도 없는 결핍된 인생이거나, 여자에게 특수 목적을 품은 잠재적 범죄자일 가능성이 높다. 돈이 많은 것은 매력 필살기 '위기의 여자'와 정반대 조건이다. '공짜 섹스'를 기대하기 어렵지만 '공짜 재산'은 기대할 수 있는. 여자는 절대로 돈으로 매력을 얻으려 해서는 안 된다. 돈이 많을수록, 집이 부유할수록, 여자는 절대로 자신의 경제적 조건을 남자에게 발설해서는 안 된다.

범죄와 매력

'매력의 발산—여백과 파격' 챕터에서 매력의 가장 중요한 특징 중 하나가 '예측 불가'라고 말했다. 안정적/모범적/성실한 사람일수록 매력이 없고, 격정적/진취적/충동적인 사람일수록 매력이 넘치는 이유라고 했다. 건강과 생존이라는 매력의 대원칙과 상충된다. 안정적/모범적인 사람일수록 더 건강한 인생을 오래 살 가능성이 높고, 격정적 충동적인 사람일수록 건강하지 못한 인생을 살다 단명할 가능성이 높기 때문이다. '저러다 제 명에 못 죽지' 혀를 끌끌 차면서도 사람들은 여전히 격정적/진취적/충동적인 불나방 인생에 더 매력을 느낀다. 왜. 활기의 극단적 사례이기 때문이다. 사람은 안정적이고 모범적이고 성실할수록 활기가 없어 보인다. 반대로 격정적이고 진취적이고 충동적일수록 활기 넘쳐 보인다. 자연의 시소 게임은 극과 극으로 치달으며 수많은 아이러니를 낳는다.

뉴스 기사를 통해 우리는 가장 악랄하고 파렴치한 범죄자들이 오히려 여자들에게 더 인기 많다는 사실에 아연실색한다. 더 유명한 범죄자들일수록 더 많은 여자들과 더 쉽게 사귀거나 결혼한다. '어떻게 이런 위험한 남자를 만날 수 있지' 믿기 힘들지만 이 대부분은 이미 결혼을 했거나 사귀는 여자가 수십 명. 한국뿐 아니라 미국 일본 중국 유럽 어디나 마찬가지다. 범죄자는 언제 어디서나 쉽게 사람을 사귀고 추종자들을 만든다. 왜. 매력적이니까.

우리는 매력의 본질을 이해하면서 동시에 건강의 본질을 이해한다. 건강은 선한 것과 관련이 없다. 건강은 건강일 뿐이다. 선하면서 건강할 수도 있고, 악하면서 건강할 수도 있다. 매력도 그렇다. 매력은 매력일 뿐이며 선함도 악함도 매력의 본질과 관련이 없다.

범죄자가 매력적인 까닭은 '남다르게' 건강하기 때문이다. 이들의 예측 불가함, 충동성, 잔혹성 등은 이들의 몸과 마음에 에너지가 들끓어 넘친다는 증거다. 이 에너지를 생산에 쓴 것이 아니라 파괴에 쓴 것일 뿐, 자연 생태적 관점에선 똑같은 생명의 에너지다. 본질적으로 인간의 매력은 야생 자연의 본능에 따른다. 계획된 미래, 인내와 번영, 지속 가능한 행복 등은 매력과 거리가 멀다. (그런 것에 매력을 느끼는 것은 이성적 판단이지 실제 매력은 아니다.) 매력의 실체는 그렇다. 다음 주까지 참았다 먹을 마시멜로 10개에 관심 없는 것이다. 지금 당장 먹을 마시멜로 반쪽에 아귀 다툼하는 것이다. 그게 대자연이 우리에게 부여한 매력의 현실이다.

주목할 것은 스토킹 같은 병든 정신에 의한 범죄에 매력을 느끼는 사람은 없다는 사실이다. 정신병 범죄자들에게 매력을 느끼는 경우는 없다. 건강하지 못한 범죄자는 모두의 경멸과 멸시를 받는다. 잘 모르는 사람들은 범죄를 저지르는 것도 정신에 병이 있기 때문이라고 착각한다. 정신병 때문에 저지르는 범죄는 따로 있으며, 전체 범죄에서 차지하는 비중이 극히 적다. 대부분의 범죄는 정신이 '지나치게 건강'하기 때문에 발생한다. 양심의 가책이나 사회적 비난 따위에 아무 영향받지 않을 정도로 마음이 강철판처럼 단단한 것이다.

우리는 극단의 사례에서 교훈을 얻는다. 사람들이 범죄자에게 매력을 느끼는 건 범죄자들이 매력의 가장 중요한 요소들을 갖췄기 때문이다. 인간이 어리석기 때문도 아니고 여자들이 정신 이상이라서 그런 것도 아니다. 그게 원래 자연 생리이기 때문이다. 우리는 범죄와 매력의 상관 관계로부터 매력의 본질을 (다시) 배운다.

1) 매력의 본질은 활기이며, 활기는 매력의 90%를 지배한다.
2) 활기는 곧 삶의 에너지다. 이 에너지가 어느 방향으로 분출되느냐 따라 사람의 운명은 달라지지만 매력은 달라지지 않는다. 매력을 결정하는 것은 에너지의 분출 방향이 아닌 활기의 강도, 에너지의 양이다.

3) 어디서 무엇을 하든 에너지가 넘치고 활기 충만하면 반드시 누군가의 눈에 띄고 어디선가 열렬한 매력을 얻는다.

4) 매력의 또 다른 본질은 눈치 보지 않는 것(대담성)이다. 눈치 보지 않는 독립적, 자기중심적 태도가 매력의 활기를 완성한다.

5) 범죄자들에게 매력을 느끼는 이유는 이들이 눈치를 보지 않기 때문이다. 다른 사람의 입장, 사회적 규율, 전통적 인습 따위 모두 무시하고 나 하고 싶은 대로 하는 것이다. 이것이 사람들에게 (자연 본능적) 매력으로 느껴진다. 개인 간 도움, 협력, 사회적 보호 따위 필요 없을 정도로 '강하다'고 느껴지기 때문이다.

6) 앞서 배운 자연, 절제, 예측 불가 (여백과 파격) 등은 매력에 결정적 영향을 주지 못한다. 이는 상황에 따라, 대상에 따라, 필요할 수도 있고 없을 수도 있는 '옵션'이자 '기술적 사항'이다.

7) 매력을 결정짓는 건, 다시 강조하지만, 활기와 대담성(눈치 보지 않음)이다. 이 2가지만으로 매력의 모든 것이 결정된다.

8) 매력에 도덕적 가치는 없다. 건강이 선할 것도 악할 것도 없는 것처럼, 매력도 그렇다. 매력은 다른 모든 가

치로부터 독립적이다. 매력은 매력만의 독립된 가치를 갖는다.

9) 도덕적 가치에 연연할수록 매력은 죽는다. 눈치를 보기 때문이다. 대담해질 수 없기 때문이다. 뭔가에 연연하고 매달리고 기댈수록 매력은 죽고 의존적 성향만 남는다.

10) 생존을 위해 부여된 매력의 본능은, 아이러니하게도, 극단으로 치달을 경우, 생존을 파괴하는 결과를 낳는다. 도덕적 가치, 사회적 질서를 초월한 매력은 응징을 당하기 마련이며, 이런 매력을 따르는 사람들 역시 공멸의 길을 걷는다.

11) 매력은 이기적 본능이다. 다른 사람이 내게 끌려오게 하기 위한 것이지, 내가 다른 사람에게 끌려가기 위한 게 아니다.

12) 내 매력은 내 생존에 도움이 되지만 다른 사람의 매력은 내 생존에 불이익이 될 수 있다.

13) 계획된 미래, 인내와 번영, 지속 가능한 행복을 원한다면 매력 있는 사람이 아닌 매력 없는 사람을 택하는 것이 더 이로울 수 있다.

14) 매력은 매력만의 독립된 가치를 갖는다. 도덕, 평판, 사회적 지위, 인간관계, 금전적 이익, 경제적 능력, 성

취, 업적 등은 매력과 관련 없다. 매력은 매력일 뿐, 다른 가치에 별다른 영향을 끼치지 못한다. 그런 것에 영향을 끼치는 것은 삶의 방식과 행동 패턴이지 매력이 아니다. 쉽게 말해, 매력이 있어서 성공하는 경우도 있지만, 매력이 없어도 성공하는 경우도 얼마든지 있다는 뜻이다.

남자의 매력 vs. 여자의 매력

생물학의 관점에서 읽으면 내용이 매우 짧게 요약된다.

매력 = 테스토스테론.

그렇다. 지금껏 이야기한 매력의 거의 모든 주요 특징이 테스토스테론, 남성 호르몬의 특징이다. 대담성만 그런 것이 아니라 활기도 그렇다. 테스토스테론 수치가 높을수록 활기도 높아진다. 몸과 마음의 에너지를 최고조로 끌어 올리며 모든 능력치를 향상시킨다. 모든 스포츠 종목에서 남자 경기가 여자 경기를 압도하는 이유다. 남자 스포츠 종목은 프로화 돼 더 많은 관중과 더 많은 자본을 끌어 모으는데 여자 종목은 그렇지 못한 이유다. 테스토스테론의 차이다. 테스토스테론의 차이에 의한 활기, 에너지, 매력 차이의 결과다. 매력의 다른 요소들, 자연, 절제, 파격에서조차 남자가 더 유리하다. 남자들이 여자들에 비해 말과 행동, 사고, 활동 등이 더 자연스럽고, 더 파격적이며, 심지어 절제도 더 잘된다. 세계적인 작가, 예술가, 디자이너, 작곡자, 연주자, 정치, 철학자 등이 대부분 남자인 이유다. 남녀의 기회가 평등한 현대 문명 선진국에서도 여전히, 매력이 절대적인 분야에서는, 남자가 여자를 압도하는 원인이다.

이런 까닭에 '남자와 여자가 매력 대결하면 누가 이기냐' 질문의 답은 뻔해 보인다. 여자가 남자보다 테스토스테론 수치가 더 높지 않은 한, 여자가 남자와의 매력 대결에서 이길 수 있는 방법은 없어 보인다. 하지만 대자연의 법칙에 절대적인 것은 없다. 이론에는 언제나 예외 법칙이 존재한다. 매력도 그렇다. 앞서 매력 필살기에서 말한 남녀 관계의 이진법을 다시 본다.

1) 더 강한 성욕을 느끼는 쪽이 관계에 불리.
2) 더 강한 성적 자극을 주는 쪽이 관계 우위.

바로 성욕이다. 테스토스테론 수치가 강하면 그만큼 성욕도 강하다는 약점이 존재한다. 남자는 그 약점이 더 노골적으로 작용한다. 대자연이 남자에게 프로그래밍한 번식욕과 부양에 대한 의무는 테스토스테론의 그 모든 이점을 한순간에 무력화시킨다. 연산군, 히틀러, 나폴레옹, 존 레논 등 우리가 익히 아는 폭군/독재자/알파메일의 순애보는 예외적 에피소드가 아니다. 줄리어스 시저, 알렉산더 대왕, 칭기스칸 같은 고대의 테스토스테론 화신들도 (자세한 기록이 남지 않았을 뿐) 예외 없이 성욕에 이끌려 관계 우위를 내어 주었을 것이다. 매력 필살기가 '필살기'인 까닭이다. '위기의 여자', '너도 나와 자고 싶겠지', 테스토스테론 수치가 높을수록, 더 매력적인 남자일수록, 성욕을 이용한 매력 필살기에 더 취약한 모습을 보인다.

다시 말하지만 대자연의 법칙에 절대적인 것은 없다. 아무리 부당하고 편파적이어도, 대자연은 어딘가 반드시 생존의 길을 만들어 놓는다. 아무리 알렉산더, 칭기스칸 같은 사이코패스급 테스토스테론의 화신이라도 매력의 원리를 알면 공략 가능하다. 당신에게 필요한 전제 조건은 하나뿐이다.

건강.

미모도, 재산도, 사회적 지위도 아니다. 오직 건강하기만 하다면 당신은 세상 그 어떤 남자도 매력으로 정복할 수 있다. 그게 대자연이 만들어 놓은 생명의 섭리다.

맺음말

『매력이란 무엇인가』는 2014년 7월 이드페이퍼 웹사이트 (https://idpaper.co.kr)에서 '매력강좌—남자에게 청혼받는 법'이라는 부제로 발간했던 전자책입니다. 이후 꾸준한 업데이트를 거쳐 이번에 완성본으로 출간되었습니다. 그동안 2만 부가 넘게 팔리며 호평이 줄을 이었고, 평범한 이론서가 아닌, 실전에서 효과를 발휘하는 실용서라는 칭찬을 받았습니다.

한때 '픽업 아티스트'나 '재회 상담' 같은 이름으로, 수십만 원에서 수백만 원에 이르는 고액 수업료 또는 자문료를 받는 매력 관련 비즈니스들이 유행했습니다. 이들 또한 매력을 활용하는 방법을 상품화하여 책을 출간하고, 관련 강의를 팔며 연애나 자기관리 컨설팅을 진행했는데, 대다수는 '지금 당장 바로 즉시'를 내세웠습니다.

그것이 이 책과의 가장 큰 차이점입니다. 이 책은 당장 효과를 발휘할 표면적인 행동 강령보다는 매력의 본질을 담고자 했습니다. 매력이 무엇이고, 왜 매력을 느끼고, 어떻게 매력을 뿜낼 수 있는지는 단박에 설명하기 쉽지 않았기에, 오랜 기간 업데이트를 하게 되었습니다. 단편적이고 일시적인 임시 방편들 대신, 다양한 현실에서 보다 지속적으로 효과를 발휘하는 기본 원리와 자세가 체득되리라 기대합니다. 그로써 독자 여러분에게 매력이라는 마력이 흡수되리라 기대합니다.

이번 출판본 원고를 정리하면서 그간 쌓인 서평들을 하나씩 읽어 보았습니다. 연애에 관한 언급보다 '사회 생활에 도움이 되었다', '내 문제를 해결하는 데 도움되었다', '덕분에 삶이 나아진 것 같다', '나중에 늙어서도 봐야겠다' 등의 서평들이 더 많았습니다. 맞습니다. 매력은 남녀관계에만 필요한 힘이 아닙니다. 인생을 살면서 억울한 점, 어렵고 힘든 점, 이해할 수 없는 부당한 점들을 스스로 깨닫고 고치도록 해 주는, '인생 개선'에도 도움이 되는 힘이 바로 매력입니다. 결국 매력은 인간 심리 근본에 대한 이야기입니다. 지금도, 앞으로도, 우리가 살아 있는 한, 사람들과 어울리며 사는 한, 언제나 항상 우리는 매력을 숨쉬듯이 활용할 것입니다. 매력은 타고난 것이 아니라 만드는 것입니다. 살아 있는 것만으로 매력이 있는 것이고, 살아 있는 한 우리 모두가 매력의 무한한 잠재력을 갖습니다. 각자의 매력을 마음껏 발휘하기 바랍니다.

1. 활기를 끌어 올려라

에너지가 넘치는 사람에게 끌린다.

운동, 취미, 여행 등으로 몸과 마음을 활기차게 유지하라.

말투, 걸음걸이, 표정에 생동감을 담아라.

무기력한 사람은 매력을 잃는다.

몸을 움직이면, 매력도 따라온다.

2. 대담하게 행동하라

눈치 보면 매력이 사라진다.

원하는 것을 당당히 표현하라.

할까 말까 고민하지 않는다.

하고 싶으면 하고 그렇지 않으면 하지 않는다.

소심함을 버리고 몸을 먼저 움직인다.

3. 자연스러움이 우선이다

억지로 꾸미지 마라. 가식적인 행동은 바로 티가 난다.

편안한 사람이 더 매력적이다.

어색한 미소보다 솔직한 표정이 낫다.

작은 실수나 허점도 인간적인 매력으로 작용한다.

있는 그대로의 나를 받아들이는 것이 진짜 매력이다.

4. 불행을 멀리 한다

사람들은 불행한 사람을 멀리 하고
행복한 사람을 가까이 한다.
이 사람과 있으면 기분 좋아진다는 인상을 남겨라.
불행한 생각, 말, 행동 하지 않는다.
사람들이 당신과 함께 있고 싶게 만들어라.

5. 남의 시선에 신경 쓰지 않는다

급하게 움직이면 사람들은 불안해한다.
너무 조급하면 오히려 멀어질 수 있다.
침착한 태도는 신뢰를 준다.
남의 반응에 휘둘리지 말고, 스스로 중심을 잡아라.
여유롭고, 차분한 사람이 결국 더 매력적이다.

6. 여유로움이 매력을 만든다

타인의 평가를 두려워하지 마라.
자기 길을 가는 사람이 결국 더 빛난다.
자신의 개성을 살려라, 억지로 맞추려 하지 마라.
"내가 진짜 원하는 것이 무엇인가?"를 고민하라.

남이 뭐라 하든, 자신을 믿는 것이 가장 중요하다.

7. 신비함이 매력을 만든다

모든 것을 다 보여 주지 마라.

적당한 거리감이 사람을 더 끌리게 만든다.

상대가 궁금해하도록 만들어라.

"이 사람은 뭔가 다르다"는 인상을 남겨라.

쉽게 예측되지 않는 사람이 더 매력적이다.

스티브 잡스—인간 정신의 자전거

스티브 잡스는 1970년대 후반부터 줄곧 컴퓨터를 자전거에 비유했다. 1981년 ABC 인터뷰에서 어린 시절에 '인간이 콘도르라는 새보다 이동 속도가 느린 동물이지만, 자전거를 탄 인간은 콘도르보다 2배 빠르다'는 내용을 접하고 깊은 감명을 받았다고 밝혔고, 컴퓨터라는 도구는 인간에게 자전거와 같다고 언급한 영상이 남아 있다. 1990년 인터뷰에서도 같은 이야기를 하며 컴퓨터를 일컬어 "인간 정신의 자전거(bicycle of the mind)"라는 표현을 사용하였다. (https://allaboutstevejobs.com/videos/misc/future_of_pc_1990)

제주 넥슨컴퓨터박물관은 1976년 출시된 애플 최초의 컴퓨터 '애플I'를 2013

년 소더비 경매를 통해 취득, 전시 공간을 마련하여 "a bicycle of the mind"라는 문구를 벽면에 큼직하게 붙여놓았다. (사진 참조)

『연산군일기』

조선왕조실록은 조선 시대 472년 동안 왕의 재위 기간에 사관들이 국정과 사건을 실시간으로 기록한 역사서로, 왕조별로 편찬되었다. 왕도 볼 수 없었던 철저한 기록 체계 덕분에 신뢰도가 높으며, 유네스코 세계기록유산으로 등재되었다.

조선왕조실록에서 '실록'이라는 명칭이 붙는 것은 묘호(廟號)를 받은 정식 국왕들뿐이다.

연산군은 폐위되었기 때문에 실록이 아닌 '일기'라고 한다.

연산군(燕山君, 폐위됨) → 연산군일기(燕山君日記)

중종(中宗, 정식 왕) → 중종실록(中宗實錄)

광해군(光海君, 폐위됨) → 광해군일기(光海君日記)

인조(仁祖, 정식 왕) → 인조실록(仁祖實錄)

*아래 『연산군일기』 『중종실록』 출처: 조선왕조실록 https://sillok.history.go.kr/

연산군의 총애를 받은 여인, 장녹수

장녹수(張綠水)는 원래 제안대군(齊安大君)의 가비(家婢, 종)로, 뛰어난 처

세술과 요염한 아양으로 연산군의 눈에 들었다. 그녀는 노래와 춤이 뛰어나 입술을 움직이지 않고도 맑은 소리를 낼 수 있었다고 전해진다. 당시 그녀는 30을 넘긴 나이였으나, 외모는 16세 소녀처럼 보였다고 기록되었다.

연산군은 그녀를 숙원(淑媛)으로 책봉하며 총애했고, 그녀의 말이 조정의 상벌을 결정할 정도로 막강한 영향력을 행사했다. (『연산군일기』 47권, 연산 8년 11월 25일) *1503년(연산 9년) 숙원에서 숙용으로 승급(昇級).

"왕이 비록 몹시 노했더라도 녹수만 보면 반드시 기뻐하여 웃었으므로, 상주고 벌주는 일이 모두 그의 입에 달렸다." (『연산군일기』 47권, 연산 8년 11월 25일)

연산군은 그녀를 위해 부고(府庫, 국고)의 재물을 쏟아부었고, 금·은·보석뿐만 아니라 광대한 토지와 저택, 수많은 노비까지 하사했다. 그녀의 형부 김효손(金孝孫) 역시 그녀 덕분에 고위 관직에 올랐다.

장녹수의 참소로 희생된 궁녀들

장녹수는 권력과 질투로 인해 궁녀 전향과 수근비에게 투기의 죄를 씌우고 연산군에게 참소하여, 결국 두 사람을 능지형(陵遲, 시신을 토막 내 전시하는 극형)에 처하게 했다.

"전향과 수근비가 능지형을 당한 것은 장녹수가 참소했기 때문이다. 두 사람은 외모가 아름다워 장녹수의 시기를 받았고, 그녀는 밤낮으로 왕에게 참소하여 결국 두 사람과 그들의 부친과 형제까지 하루아침에 모두 죽게 했다." (『연산군일기』 54권, 연산 10년 6월 9일)

이후 연산군은 그들의 시신을 갈기갈기 찢어 전국에 전시하고, 그들이 묻힌 곳마다 비석을 세우도록 명령했다.

"전향과 수근비의 머리와 팔다리는 진도(珍島)에 묻고 돌을 세웠으나, 그 주검이 하나는 경원에 있고, 하나는 강계에 있으니, 또한 돌을 세우리까?" (『연산군일기』 54권, 연산 10년 7월 9일)

흥청의 생활과 권력 남용

연산군은 궁중에서 흥청(興淸, 왕이 총애한 기녀들)의 생활을 위해 특별히 노비를 하사했으며, 장녹수를 비롯한 기녀들은 이를 개인 소유처럼 여기며 부를 쌓았다.

"흥청의 무리가 궁중에 입시하여 장획(臧獲, 노비)이 없을 수 없으므로 특별히 하사하였으나, 은총에 젖어 사사로이 주고받았다." (『연산군일기』 63권, 연산 12년 8월 7일)

이러한 권력 남용으로 인해 장녹수와 가까운 자들은 점점 더 많은 재산을 차지했고, 백성들의 원성을 샀다.

연산군의 몰락과 장녹수의 최후

연산군은 점점 폭정과 사치를 일삼으며 백성들의 고통을 외면했고, 결국 중종반정(中宗反正, 1506년 9월 2일)으로 폐위되었다. 반정 직전, 연산군은 인생이

덧없음을 한탄하며 초금(草笒, 대나무 피리)을 불며 탄식했다.

"인생은 초로*와 같아서 만날 때가 많지 않은 것." (『연산군일기』 63권, 연산 12년 8월 23일)

그 말을 듣던 궁중의 여인들은 몰래 비웃었지만, 유독 장녹수와 전비(田非)만이 흐느끼며 울었다. 이를 본 연산군은 "변고가 생기면 너희들은 면하지 못하리라"라고 말하며 불길한 예감을 드러냈다.

그리고 열흘 뒤, 1506년 9월 2일, 중종반정이 일어나며 연산군은 폐위되었다. (『연산군일기』 1권, 중종 즉위년 9월 2일)

반정이 일어난 후, 연산군은 폐위되어 교동으로 유배되었고, 장녹수는 붙잡혀 처형되었다. 그녀가 누렸던 화려한 권세는 한순간에 사라졌고, 그 이름은 연산군과 함께 조선 역사에 궁정의 타락과 몰락을 상징하는 인물로 남았다.

*연산 12년 8월 23일, 연산군은 열흘 뒤 중종 반정을 예감이라도 한 듯, 인생이 아침 이슬과 같다(人生草露)는 시를 읊었다. 이는 중국 고서 『한서(漢書)』의 「소무전(蘇武傳)」에 나오는 말로, 이릉이 소무에게 항복을 권유하며 한 말이다. 인생은 아침 이슬과 같으니, 어찌 이리 오래 고생하는가. (원문: 人生如朝露, 何久自苦如此. 어찌 스스로 괴로워하는가, 어찌 스스로 고생하겠는가 등으로도 번역.) 『한서』는 중국 후한(後漢) 시대의 역사가 반고(班固)가 저술한 기전체(紀傳體)의 역사서로 전 120권이다.

루 살로메와 유명인사들의 생존 시기

루 살로메 1861년 2월 12일 — 1937년 1월 5일

프리드리히 니체 1844년 10월 15일 — 1900년 8월 25일

지그문트 프로이트 1856년 5월 6일 — 1939년 9월 23일

라이너 마리아 릴케 1875년 12월 4일 — 1926년 12월 28일

헨리크 입센 1828년 3월 20일 — 1906년 5월 23일

루 살로메가 쓴 평전

입센의 여주인공들 1892 / Henrik Ibsens Frauen-Gestalten nach seinen sechs Familiendramen : ein Puppenheim; Gespenster; Die Wildente; Rosmersholm; Die Frau vom Meere; Hedda Gabler

하얀 길 위의 릴케 1928 / Rainer Maria Rilke

프로이트에 대한 나의 감사 1931 / Mein Dank an Freud: Offener Brief an Professor Freud zu seinem 75 Geburtstag

살로메, 니체를 말하다 1894 / Friedrich Nietzsche in seinen Werken:. Mit 2 Bildern und 3 facsimilirten Briefen Nietzsches

웬디 덩의 영상 큐알코드

웬디 덩의 영어 일기

"Whatever why I'm so so missing Tony, Because he is so so charming and his clothes are so good. He has such good body and he has really really good legs Butt … And he is slim tall and good skin. Pierce blue eyes which I love. Love his eyes. Also I love his power on the stage … and what else and what else and what else…"

루시안 프로이트 「Benefits Supervisor Sleeping」

기지마 가나에

1) 일본 언론에 보도된 기지마 가나에 살인사건 2,3) 블로그에 게재된 기지마 가나에의 필체

기지마 가나에는 옥중에서도 블로그(http://blog.livedoor.jp/kijimakanae/)를 최근까지 계속 쓰고 있으며, 유려한 필체를 자랑하는 사진도 간간이 업로드하고 있다. 소설과 수기를 모은 책도 내고, 2025년 1월에는 다이어트 비법 등을 집필해 전자책으로 출간하기도 했다. 이에 대해 일본 사람들은 '일말의 반성도 모르는 사람, 반성이 돈이 안 되기 때문일 것', '넘어져도 절대로 공짜로 일어나지는 않을 사람'이라는 평을 남기기도 했다.

지은이 이드페이퍼

'월간이드'를 비롯해 인간, 사회, 문학, 예술 인문학 콘텐츠를 전자책으로 발행해 왔
으며, 아마추어 작가들의 출판 커뮤니티 플랫폼을 운영 중이다. (https://idpaper.
co.kr/) 출간작으로는 『강철멘탈 되는 법』, 남편감 구별법(『남자 구분법』, 『남자 대처
법』), 매력강좌(『매력이란 무엇인가』), 『거짓말 구분법(출간 예정)』, 남자 심리의 이
해, 패턴 분석법, 남편감 샘플분석 등이 있다.

매력이란 무엇인가

초판 1쇄 2025년 4월 2일

지은이 이드페이퍼

펴낸곳 데이원
출판등록 2017년 8월 31일 제2021-000322호

ⓒ 이드페이퍼, 2025
ISBN 979-11-7335-072-6 03320